Antoine Court de Gébelin

Le Tarot divinatoire révélé

1787

Copyright © 2022 by Culturea
Édition : Culturea 34980 (Hérault)
Impression : BOD - In de Tarpen 42, Norderstedt (Allemagne)
ISBN : 9782382742075
Dépôt légal : Octobre 2022
Tous droits réservés pour tous pays

DU JEU DES TAROTS
Où l'on traite de son origine, où on explique ses Allégories, et où l'on fait voir qu'il est la source de nos Cartes modernes à jouer, etc., etc.

I. — *Surprise que causerait la découverte d'un Livre Égyptien*

Si l'on entendait annoncer qu'il existe encore de nos jours un Ouvrage des anciens Égyptiens, un de leurs Livres échappé aux flammes qui dévorèrent leurs superbes Bibliothèques, et qui contient leur doctrine la plus pure sur des objets intéressants, chacun serait, sans doute, empressé de connaître un Livre aussi précieux, aussi extraordinaire. Si on ajoutait que ce Livre est très répandu dans une grande partie de l'Europe, que depuis nombre de siècles il y est entre les mains de tout le monde, la surprise irait certainement en croissant : ne serait-elle pas à son comble, si l'on assurait qu'on n'a jamais soupçonné qu'il fût Égyptien, qu'on le possède comme ne le possédant point, que personne n'a jamais cherché à en déchirer une feuille : que le fruit d'une sagesse exquise est regardé comme un amas de figures extravagantes qui ne signifient rien par elles-mêmes ? Ne croirait-on pas qu'on veut s'amuser, se jouer de la crédulité de ses Auditeurs ?

II. — *Ce Livre Égyptien existe*

Le fait est cependant très vrai : ce Livre Égyptien, seul reste de leurs superbes Bibliothèques, existe de nos jours : il est même si commun, qu'aucun Savant n'a daigné s'en occuper ; personne avant nous n'ayant jamais soupçonné son illustre origine. Ce Livre est composé de LXXVII feuillets ou tableaux, même de LXXVIII, divisés en V classes, qui offrent chacune des objets aussi variés qu'amusants et instructifs : ce Livre est en un mot le JEU des TAROTS, jeu inconnu, il est vrai, à Paris, mais très connu en Italie, en

Allemagne, même en Provence, et aussi bizarre par les figures qu'offre chacune de ses cartes, que par leur multitude.

Quelque étendues que soient les Contrées où il est en usage, on n'en était pas plus avancé sur la valeur des figures bizarres qu'il paraît offrir : et telle est son antique origine qu'elle se perdait dans l'obscurité des temps, qu'on ne savait ni où ni quand il avait été inventé, ni le motif qui y avait rassemblé tant de figures extraordinaires, si peu faites ce semble pour marcher de pair, telles qu'il n'offre dans tout son ensemble qu'une énigme que personne n'avait jamais cherché à résoudre.

Ce Jeu a même paru si peu digne d'attention, qu'il n'est jamais entré en ligne de compte dans les vues de ceux de nos Savants qui se sont occupés de l'origine des Cartes : ils n'ont jamais parlé que des Cartes Françaises, ou en usage à Paris, dont l'origine est peu ancienne ; et après en avoir prouvé l'invention moderne, ils ont cru avoir épuisé la matière. C'est qu'en effet on confond sans celle l'établissement d'une connaissance quelconque dans un Pays avec son invention primitive : c'est ce que nous avons déjà fait voir à l'égard de la boussole les Grecs et les Romains eux-mêmes n'ont que trop confondu ces objets, ce qui nous a privé d'une multitude d'origines intéressantes.

Mais la forme, la disposition, l'arrangement de ce Jeu et les figures qu'il offre sont si manifestement allégoriques, et ces allégories sont si conformes à la doctrine civile, philosophique et religieuse des anciens Égyptiens, qu'on ne peut s'empêcher de le reconnaître pour l'ouvrage de ce Peuple de Sages : qu'eus seuls purent en être les Inventeurs, rivaux à cet égard des Indiens qui inventaient le Jeu des Échecs.

DIVISION

Nous ferons voir les allégories qu'offrent les diverses Cartes de ce Ieu.
Les formules numériques d'après lesquelles il a été composé.
Comment il s'est transmis jusqu'à nous.
Ses rapports avec un Monument Chinois.

DU JEU DES TAROTS

Comment en naquirent les Cartes Espagnoles.

Et les rapports de ces dernières avec les Cartes Françaises.

Cet Essai sera suivi d'une Dissertation où l'on établit comment ce Jeu était appliqué à l'art de la Divination : c'est l'ouvrage d'un Officier Général, Gouverneur de Province, qui nous honore de sa bienveillance, et qui a retrouvé dans ce Jeu avec une sagacité très ingénieuse les principes Égyptiens sur l'art de deviner par les Cartes, principes qui distinguèrent les premières Bandes des Égyptiens mal nommés Bohémiens qui se répandirent dans l'Europe, et dont il subsiste encore quelques vestiges dans nos Jeux de Cartes, mais qui y prêtent infiniment moins par leur monotonie et par je petit nombre de leurs figures.

Le Jeu Égyptien, au contraire, était admirable pour cet effet, renfermant en quelque façon l'Univers entier, et les États divers dont la vie de l'Homme est susceptible. Tel était ce Peuple unique et profond, qu'il imprimait au moindre de ses ouvrages le sceau de l'immortalité, et que les autres semblent en quelque sorte se traîner à peine sur ses traces.

ARTICLE I
ALLÉGORIES *qu'offrent les Cartes du Jeu de* TAROTS

Si ce Jeu qui a toujours été muet pour tous ceux qui le connaissent, s'est développé à nos yeux, ce n'a point été l'effet de quelques profondes méditations, ni de l'envie de débrouiller son chaos : nous n'y pensions pas l'instant avant. Invité il y a quelques années à aller voir une Dame de nos Amies, Madame la C. d'H. qui arrivait d'Allemagne ou de Suisse, nous la trouvâmes occupée à jouer à ce Jeu avec quelques autres Personnes. Nous jouons à un Jeu que vous ne connaissez sûrement pas... Cela se peut ; quel est-il ?... Le Jeu des Tarots...J'ai eu occasion de le voir étant fort jeune, mais je n'en ai aucune idée... C'est une rapsodie des figures les plus bizarres, les plus extravagantes : en voilà une, par exemple ; on eut soin de choisir la plus chargée de figures, et n'ayant aucun rapport à son nom, c'est le Monde : j'y jette les yeux, et aussitôt j'en reconnais l'Allégorie : chacun de quitter son Jeu et de venir voir cette Carte merveilleuse où j'apercevais ce qu'ils n'avaient jamais vu : chacun de m'en montrer une autre : en un quart d'heure le Jeu fut parcouru, expliqué, déclaré Égyptien : et comme ce n'était point le jeu de notre imagination, mais l'effet des rapports choses et sensibles de ce jeu avec tout ce qu'on connaît d'idées Égyptiennes, nous nous promîmes bien d'en faire part quelque jour au Public ; persuadés qu'il aurait pour agréable une découverte et un présent de cette nature, un Livre Égyptien échappé à la barbarie, aux ravages du Temps, aux incendies accidentelles et aux volontaires, à l'ignorance plus désastreuse encore.

Effet nécessaire de la forme frivole et légère de ce Livre, qui l'a mis à même de triompher de tous les âges et de passer jusqu'à nous avec une fidélité rare : l'ignorance même dans laquelle on a été jusqu'ici de ce qu'il représentait, a été un heureux sauf-conduit qui lui a laissé traverser tranquillement tous les Siècles sans qu'on ait pensé à le faire disparaître.

DU JEU DES TAROTS

Il était temps de retrouver les Allégories qu'il était destiné à conserver, et de faire voir que chez le Peuple le plus sage, tout jusqu'aux Jeux, était fondé sur l'Allégorie, et que ces Sages savaient changer en amusement les connaissances les plus utiles et n'en faire qu'un Jeu.

Nous l'avons dit, la Jeu des Tarots est composé de LXXVII Cartes, même d'une LXXVIIIe, divisées en Atout et en IV couleurs. Afin que nos Lecteurs puissent nous Cuivre, nous avons fait graver les Atouts ; et l'As de chaque couleur, ce que nous appelions avec les Espagnols, Spadille, Baste, et Ponte.

ATOUTS

Les Atouts au nombre de XXII, représentent en général les Chefs temporels et spirituels de la Société, les Chefs Physiques de l'Agriculture, les Vertus Cardinales, le Mariage, la Mort et la résurrection ou la création, les divers jeux de la fortune, le Sage et le Fou, le Temps qui consume tout, etc. On comprend ainsi d'avance que toutes ces Cartes sont autant de Tableaux allégoriques relatifs à l'ensemble de la vie, et susceptibles d'une infinité de combinaisons. Nous allons les examiner un à un, et tacher de déchiffrer l'allégorie ou l'énigme particulière que chacun d'eux renferme.

N° 0 — Zéro — LE FOU.

On ne peut méconnaître le Fou dans cette Carte, à sa marotte, et à son hoqueton garni de coquillages et de sonnettes : il marche très vite comme un fou qu'il est, portant derrière lui son petit paquet, et s'imaginant échapper par-là à un Tigre qui lui mord la croupe : quant au sac, il est l'emblème de ses fautes qu'il ne voudrait pas voir ; et ce Tigre, celui de ses remords qui le suivent galopant, et qui sautent en croupe derrière lui.

Cette belle idée qu'Horace a si bien encadrée dans de l'or, n'était donc pas de lui, elle n'avait pas échappé aux Égyptiens : c'était une idée vulgaire, un lieu commun ; mais prise dans la Nature toujours vraie, et présentée avec toutes les grâces dont elle est susceptible, cet agréable et sage Poète semblait l'avoir tirée de son profond jugement.

Quant à cet Atout, nous l'appelons ZÉRO, quoiqu'on le place dans le jeu après le XXI, parce qu'il ne compte point quand il est seul, et qu'il n'a de valeur que celle qu'il donne aux autres, précisément comme notre zéro montrant ainsi que rien n'exile sans sa folie.

N° I. — LE JOUEUR DE GOBELETS, OU BATELEUR

Nous commençons par le n°1 pour suivre jusqu'au 21, parce que l'usage actuel est de commencer par le moindre nombre pour s'élever de là aux plus hauts : il paraît cependant que les Égyptiens commençaient à compter par le plus haut pour descendre de là jusqu'au plus bas. C'est ainsi qu'ils solsifiaient l'Octave en descendant, et non en montant comme nous. Dans la Dissertation qui est à la suite de celle-ci, on suit l'usage des Égyptiens, et on en tire le plus grand parti. On aura donc ici les deux manières : la nôtre la plus commode quand on ne veut considérer ces Cartes qu'en elles-mêmes : et celle-là, utile pour en mieux concevoir l'ensemble et les rapports.

Le premier de tous les Atouts en remontant, ou le dernier en descendant ; est un JOUEUR de GOBELET ; on le reconnaît à la table couverte de dés, de gobelets, de couteaux, de bales, etc. À son bâton de Jacob ou verge des Mages, à la bale qu'il tient entre deux doigts et qu'il va escamoter.

On l'appelle BATELEUR dans la dénomination des Cartiers : c'est le nom vulgaire des personnes de cet état : est-il nécessaire de dire qu'il vient de *baste*, bâton ?

À la tête de tous les États, il indique que la vie entière n'est qu'un songe, qu'un escamotage : qu'elle est comme un jeu perpétuel du hasard ou du choc de mille circonstances qui ne dépendirent jamais de nous, et sur lequel influe nécessairement pour beaucoup toute administration générale.

Mais entre le Fou et le Bateleur, l'Homme n'est-il pas bien ?

DU JEU DES TAROTS

N°. II, III, IV, V. — Chefs de la Société

Les Numéros II et III représentent deux femmes : les Numéros IV et V, leurs maris : ce font les Chefs temporels et spirituels de la Société.

Roi et Reine

Le N° IV représente le ROI, et le III la REINE. Ils ont tous les deux pour attributs l'Aigle dans un Écusson, et le sceptre surmonté d'un globe thautifié ou couronné d'une croix, appelée THAU, le signe par excellence.

Le Roi est vu de profil, la Reine de face : ils sont tous les deux assis sur un Trône. La Reine est en robe traînante, le dossier de son Trône est élevé : le Roi est comme dans une gondole ou chaire en coquille, les jambes croisées. Sa Couronne est en demi-cercle surmontée d'une perle à croix. Celle de la Reine se termine en pointe. Le Roi porte un Ordre de Chevalerie.

Grand-Prêtre et Grande-Prêtresse

Le N° V représente le CHEF des Hiérophantes ou le GRAND-PRÊTRE : le No II la GRANDE-PRÊTRESSE ou la femme : on sait que chez les Égyptiens, les Chefs du Sacerdoce étaient mariés. Si ces Cartes étaient de l'invention des Modernes, on n'y verrait point de Grande-Prêtresse, bien moins encore sous le nom de PAPESSE, comme les Cartiers Allemands ont nominé celle-ci ridiculement.

La Grande-Prêtresse est assise dans un fauteuil : elle est en habit long avec une espèce de voile derrière la tête qui vient croiser sur l'estomac : elle a une double couronne avec deux cornes comme en avait Isis : elle tient un Livre ouvert sur ses genoux ; deux écharpes garnies de croix se croisent sur sa poitrine et y forment un X.

Le Grand-Prêtre est en habit long avec un grand manteau qui tient à une agrafe : il porte la triple Tiare : d'une main, il s'appuie sur un Sceptre à triple croix : et de l'autre, il donne de deux doigts étendus la bénédiction à deux personnages qu'on voit à ses genoux.

Les Cartiers Italiens ou Allemands qui ont ramené ce jeu à leurs connaissances, ont fait de ces deux personnages auxquels les Anciens donnaient le nom de PÈRE et de MÈRE, comme on dirait ABBÉ et ABBESSE, mots Orientaux signifiant la même chose, ils en ont fait, dis-je, un Pape et une Papesse.

Quant au Sceptre à triple croix, c'est un monument absolument Égyptien : on le voit sur la Table d'Isis, sous la Lettre TT ; Monument précieux que nous avons déjà fait graver dans toute son étendue pour le donner quelque jour au Public. Elle a rapport au triple Phallus qu'on promenait dans la fameuse Fête des Pamylies où l'on se réjouissait d'avoir retrouvé Osiris, et où il était le symbole de la régénération des Plantes et de la Nature entière.

N° VII. — OSIRIS TRIOMPHANT

OSIRIS s'avance ensuite; il paraît sous la forme d'un Roi triomphant, le Sceptre en main, la Couronne sur la tête : il et dans son char de Guerrier, tiré par deux chevaux blancs. Personne n'ignore qu'Osiris était la grande Divinité des Égyptiens, la même que celle de tous les Peuples Sabéens, ou le Soleil symbole physique de la Divinité suprême invisible, mais qui se manifeste dans ce chef-d'œuvre de la Nature. Il avait été perdu pendant l'hiver : il reparaît au Printemps avec un nouvel éclat, ayant triomphé de tout ce qui lui faisait la guerre.

N° VI. — LE MARIAGE

Un jeune homme et une jeune femme se donnent leur foi mutuelle : un Prêtre les bénit, l'Amour les perce de les traits. Les Cartiers appellent ce Tableau, l'AMOUREUX. Ils ont bien l'air d'avoir ajouté eux-mêmes cet Amour avec son arc et ses flèches, pour rendre ce Tableau plus parlant à leurs yeux.

On voit dans les Antiquités de BOISSARD,[1] un Monument de la même nature, pour peindre l'union conjugale ; mais il est composé que de trois figures.

L'Amant et l'Amante qui se donnent leur foi : l'Amour entre deux sert de Témoin et de Prêtre.

Ce Tableau est intitulé FIDEI SIMULACRUM, Tableau de la Foi conjugale : les personnages en sont délignés par ces beaux noms, VÉRITÉ, HONNEUR et AMOUR. Il est inutile de dire que la vérité désigne ici la femme plutôt que l'homme, non seulement parce que ce mot est du genre féminin, mais parce que la *Fidélité confiante* est plus essentielle dans la femme. Ce Monument précieux fut élevé par un nommé T. FUNDANIUS EROMENUS ou l'*aimable*, à sa très chère Épouse *Poppée Démétrie*, et à leur fille chérie *Manilia Eromenis*.

N°. — VIII. XI. XII, XIII. — LES QUATRE VERTUS CARDINALES
PLANCHE VI

Les Figures que nous avons réunies dans cette Planche, sont relatives aux quatre Vertus Cardinales,

N° XI. — Celle-ci représente la FORCE. C'est une femme qui s'est rendue maîtresse d'un lion, et qui lui ouvre la gueule avec la même facilité qu'elle ouvrirait celle de son petit épagneul ; elle a sur la tête un chapeau de Bergère.

N° XIII. — La TEMPÉRANCE. C'est une femme ailée qui fait passer de l'eau d'un vase dans un autre, pour tempérer la liqueur qu'il renferme.

N° VIII. — La JUSTICE. C'est une Reine, c'est ASTRÉE assise sur son Trône, tenant d'une main un poignard ; de l'autre, une balance.

N° XII. — La PRUDENCE est du nombre des quatre Vertus Cardinales : les Égyptiens purent-ils l'oublier dans cette peinture de la Vie Humaine : Cependant, on ne la trouve pas dans ce Jeu. On voit à sa place sous le N °. XII. entre la Force et la Tempérance, un homme pendu par les pieds : mais que fait

---

[1] T, III. Pl, XXXVI.

là ce pendu c'est l'ouvrage d'un malheureux Cartier présomptueux qui ne comprenant pas la beauté de l'allégorie renfermée sous ce tableau, a pris sur lui de le corriger, et par-là même de le défigurer entièrement.

La Prudence ne pouvait être représentée d'une manière sensible aux yeux que par un homme debout, qui ayant un pied posé, avance l'autre, et le tient suspendu examinant le lieu où il pourra le placer sûrement. Le titre de cette carte était donc l'homme au pied suspendu, *pede suspenso* : le Cartier ne sachant ce que cela vouloir dire, en a fait un homme pendu par les pieds.

Puis on a demandé, pourquoi un pendu dans ce Jeu ? et on n'a pas manqué de dite, c'est la juste punition de l'Inventeur du Jeu, pour y avoir représenté une Papesse.

Mais placé entre la Force, la Tempérance et la Justice, qui ne voit que s'est la Prudence qu'on voulut et qu'on dut représenter primitivement.

N° VIIII ou IX. — LE SAGE OU LE CHERCHEUR DE LA VÉRITÉ ET DU JUSTE
PLANCHE VI

Le N° IX représente un Philosophe vénérable en manteau long, un capuchon sur les épaules : il marche courbé sur son bâton, et tenant une lanterne de la main gauche. C'est le Sage qui cherche la Justice et la Vertu.

On a donc imaginé d'après cette peinture Égyptienne, l'Histoire de Diogène qui la lanterne en main cherche un homme en plein midi. Les bons mots, surtout les Épigrammatiques, sont de tout siècle : et Diogène était homme à mettre ce tableau en action.

Les Cartiers ont fait de ce Sage un Hermite. C'est assez bien vu : les Philosophes vivent volontiers en retraite, ou ne sont guères propres à la frivolité du siècle. Héraclide passait pour fou aux yeux de ses chers Concitoyens : dans l'Orient, d'ailleurs, se livrer aux Sciences spéculatives ou s'*Hermétiser*, est presque une seule et même chose. Les Hermites Égyptiens n'eurent rien reprocher à cet égard à ceux des Indes, et aux Talapoins de Siam : ils étaient ou sont tous autant de Druides.

DU JEU DES TAROTS

Nº XIX. — Le Soleil

Nous avons réuni sous cette planche tous les tableaux relatifs à la lumière : ainsi après la lanterne sourde de l'Hermite, nous allons passer en revue le Soleil, la Lune et le brillant Sirius ou la Canicule étincelante, tous figurants dans ce jeu, avec divers emblèmes.

Le SOLEIL est représenté ici comme le Père physique des Humains et de la Nature entière : il éclaire les hommes en Société, il préside à leurs Villes : de ses rayons distillent des larmes d'or et de perles : alors on désignait les heureuses influences de cet astre.

Ce Jeu des Tarots est ici parfaitement conforme à la doctrine des Égyptiens, comme nous l'allons voir plus en détail à l'article suivant.

Nº XVIII. — La Lune

Ainsi la LUNE qui marche à la suite du Soleil est aussi accompagnée de larmes d'or et de perles, pour marquer également qui elle contribue pour sa part aux avantages de la terre.

PAUSANIAS nous apprend dans la Description de la Phocide, que, selon les Égyptiens, c'étaient les LARMES d'ISIS qui enflaient chaque année les eaux du Nil et qui rendaient ainsi fertiles les campagnes d'Égypte. Les relations de ce Pays parlent aussi d'une GOUTTE ou larme, qui combe de la Lune au montent où les eaux du Nil doivent grossir.

Au bas de ce tableau, on voir une Écrevisse ou Cancer, soit pour marquer la marche rétrograde de la Lune, soit pour indiquer que c'est au moment où le Soleil et la Lune sortent du signe de Cancer qu'arrive l'inondation causée par leurs larmes au lever de la Canicule qu'on voit dans le tableau suivant.

On pourrait même réunir les deux motifs ; n'est-il pas très ordinaire de se déterminer par une foule de conséquences qui forment une masse qu'on serait souvent bien embarrassé à démêler ?

Le milieu du tableau est occupé par deux Tours, une à chaque extrémité pour désigner les deux fameuses colonnes d'Hercule, en-deçà et au-delà desquelles ne passèrent jamais ces deux grands luminaires.

Entre les deux colonnes sont deux Chiens qui semblent aboyer contre la Lune et la garder : idées parfaitement Égyptiennes. Ce Peuple unique pour les allégories, comparait les Tropiques à deux Palais gardés chacun par un chien, qui, semblables à des Portiers fidèles, retenaient ces Astres dans le milieu des Cieux sans permettre qu'ils se glissassent vers l'un ou l'autre Pôle.

Ce ne sont point visions de Commentateurs en *us*. CLÉMENT, lui-même Égyptien, puisqu'il était d'Alexandrie, et qui par conséquent devait en savoir quelque chose, nous assure dans les Tapisseries[2] que les Égyptiens représentaient les TROPIQUES sous sa figure de deux CHIENS, qui, semblables à des Portiers ou à des Gardiens fidèles, empêchaient le Soleil et la Lune de pénétrer plus loin, et d'aller jusqu'aux Pôles.

N° XVII. — LA CANICULE

Ici nous avons sous les yeux un Tableau non moins allégorique, et absolument Égyptien ; il est intitulé l'ÉTOILE. On y voit, en effet, une Étoile brillante, autour de laquelle sont sept autres plus petites. Le bas du Tableau est occupé par une femme penchée sur un genou qui tient deux vases renversés, dont coulent deux Fleuves. À côté de cette femme est un papillon sur une fleur.

C'est l'Égyptianisme tout pur.

Cette Étoile, par excellence, est la CANICULE ou SIRIUS : Étoile qui se lève lorsque le Soleil sort du signe du Cancer, par lequel se termine le Tableau précédent, et que cette Étoile suit ici immédiatement.

Les sept Étoiles qui l'environnent, et qui semblent lui faire leur cour, sont les Planètes : elle est en quelque sorte leur Reine, puisqu'elle fixe dans cet

---

[2] Ou Stromates, Liv. V.

DU JEU DES TAROTS

instant le commencement de l'année ; elles semblent venir recevoir les ordres pour régler leur cours sur elle.

La Dame qui est au-dessous, et fort attentive dans ce moment à répandre l'eau de les vases, est la Souveraine des Cieux, ISIS, à la bienfaisance de laquelle ou attribuait les inondations du Nil, qui commencent au lever de la Canicule ; ainsi ce lever ta l'annonce de l'inondation. C'est pour cette raison que la Canicule était consacrée à Isis, qu'elle était son symbole par excellence.

Et comme l'année s'ouvrait également par le lever de cet Astre, on l'appelait SOTH-IS, ouverture de l'année ; et c'est sous ce nom qu'il était consacré à Isis.

Enfin, la Fleur et le PAPILLON qu'elle supporte, étaient l'emblème de la régénération et de la résurrection : ils indiquaient en même temps qu'à la faveur des bienfaits d'Isis, au lever de la Canicule, les Campagnes de l'Égypte, qui étaient absolument nues, se couvriraient de nouvelles moissons.

PLANCHE VIII. — N° XIII. — LA MORT

Le N° XIII représente la Mort : elle fauche les Humains, les Rois et les Reines, les Grands et les Petits; rien ne résiste à sa faux meurtrière.

Il n'est pas étonnant qu'elle soit placée sous ce numéro ; le nombre treize fut toujours regardé comme malheureux. Il faut que très anciennement il soit arrivé quelque grand malheur dans un pareil jour, et que le souvenir en ait influé sur toutes les anciennes Nations. Serait-ce par une suite de ce souvenir que les treize Tribus des Hébreux n'ont jamais été comptées que pour douze ?

Ajoutons qu'il n'est pas étonnant non plus que les Égyptiens aient inséré la Mort dans un jeu qui ne devrait réveiller que des idées agréables : ce Jeu était un jeu de guerre, la Mort devait donc y entrer : c'est ainsi que le jeu des échecs finit par *échec mat*, pour mieux dire par *She mat*, la mort du Roi. D'ailleurs, nous avons eu occasion de rappeler dans le Calendrier, que dans les festins, ce Peuple sage et réfléchi faisait paraître un squelette sous le nom de *Maneros*, sans doute afin d'engager les convives à ne pas se tuer par gourmandise. Chacun a sa manière de voir, et il ne faut jamais disputer des goûts.

N° X V. — TYPHON

Le N° XV représente un célèbre personnage Égyptien, TYPHON, frère d'Osiris et d'Isis, le mauvais Principe, le grand Démon d'Enfer : il a des ailes de chauve-souris, des pieds et des mains d'harpie ; à la tête, de vilaines cornes de cerf : on l'a fait aussi laid, aussi diable qu'on a pu. À les pieds sont deux petits Diablotins à longues oreilles, à grande queue, les mains liées derrière le dos ils sont eux-mêmes attachés par une corde qui leur passe au cou, et qui est arrêtée au piédestal de Typhon : c'est qu'il ne lâche pas ceux qui sont à lui ; il aime bien ceux qui sont siens.

N° XVI. — MAISON-DIEU, OU CHÂTEAU DE PLUTUS

Pour le coup, nous avons ici une leçon contre l'avarice. Ce tableau représente une Tour, qu'on appelle MAISON-DIEU, c'est-à-dire, la Maison par excellence ; c'est une Tour remplie d'or ; c'est le Château de Plutus : il tombe en ruines, et les Adorateurs tombent écrasés fous ses débris.

À cet ensemble, peut-on méconnaître l'Histoire de ce Prince Égyptien dont parle HÉRODOTE, et qu'il appelle RHAMPSINIT, qui, ayant fait construire une grande Tour de pierre pour renfermer ses trésors, et dont lui seul avait la clef, s'apercevait cependant qu'ils diminuaient à vue d'œil, sans qu'on passât en aucune manière par la seule porte qui existât à cet édifice. Pour découvrir des voleurs aussi adroits, ce Prince s'avisa de tendre des pièges autour des vases qui contenaient ses richesses. Les voleurs étaient les deux fils de l'Architecte dont s'était servi Rhampsinit : il avait ménagé une pierre de telle manière, quelle pouvait s'ôter et se remettre à volonté sans qu'on s'en aperçût. Il enseigna son secret à ses enfants qui s'en servirent merveilleusement comme on voit. Ils volaient le Prince, et puis ils se jetèrent de la Tour en bas : c'est ainsi qu'ils sont représentés ici. C'est à la vérité le plus beau de l'Histoire ; on trouvera dans Hérodote le reste de ce conte ingénieux : comment un des deux frères surpris dans les filets : comment il engagea son frère à lui couper la tête : comment leur mère voulut absolument que celui-ci rapportât le corps de son frère : comment il alla avec des outres chargés sur un âne pour enivrer les Gardes du cadavre et du Palais : comment, après qu'ils eurent vidé ses outres malgré ses larmes artificieuses, et qu'ils se furent endormis, il leur coupa à tous la barbe du côté droit, et leur enleva le corps de son frère : comment le Roi fort étonné, engagea sa fille à se faire raconter par chacun de ses amans le plus joli tour qu'ils eussent fait : comment ce jeune éveillé alla auprès de la belle, lui raconta tout ce qu'il avait fait : comment la belle ayant voulu l'arrêter, elle ne se trouva avoir saisi qu'un bras potiche : comment, pour achever cette grande aventure, et la mener à une heureuse fin, ce Roi promit cette mente même fille au jeune homme ingénieux qui l'avait si bien joué, comme à la personne la plus digne d'elle ; ce qui s'exécuta à la grande satisfaction de tous.

Je ne fais si Hérodote prit ce conte pour une histoire réelle ; mais un Peuple capable d'inventer de pareilles Romances ou Fables Milésiennes, pouvait fort bien inventer un jeu quelconque.

Cet Écrivain rapporte un autre fait qui prouve ce que nous avons dit dans l'Histoire du Calendrier, que les statues des Géant qu'on promène dans diverses Fêtes, désignèrent presque toujours les saisons. Il dit que Rhampsinit, le même Prince dont nous venons de parler, fit élever au Nord et au Midi du Temple de Vulcain deux statues de vingt-cinq coudées de haut, qu'on appelait l'*Été* et l'*Hiver :* on adorait, ajoute-t-il, celle-là, et on sacrifiait, au contraire, à celle-ci : c'est donc connue les Sauvages qui reconnaissent le bon Principe et l'aiment, mais qui ne sacrifient qu'au mauvais.

N° X. — LA ROUE DE FORTUNE

Le dernier numéro de cette Planche est la Roue de Fortune. Ici des Personnages humains, sous la forme de Singes, de Chiens, de Lapins, etc. s'élèvent tour-à-tour sur cette roue à laquelle ils sont attachés : on dirait que c'est une satyre contre la fortune, et contre ceux qu'elle élève rapidement et qu'elle laisse retomber avec la même rapidité.

PLANCHE VIII. — N° XX. — Tableau mal nommé le JUGEMENT DERNIER

Ce Tableau représente un Ange sonnant de la trompette : on voit aussitôt comme sortir de terre un vieillard, une femme, un enfant nus.

Les Cartiers qui avaient perdu la valeur de ces Tableaux, et plus encore leur ensemble, ont vu ici le Jugement dernier ; et pour le rendre plus sensible, ils y ont mis comme des espèces de Tombeaux. Ôtez ces tombeaux, ce Tableau sert également à défiger la CRÉATION, arrivée dans le Temps, au commencement du Temps, qu'indique le N°. XXI.

N° XXI. — Le TEMPS, mal nommé le MONDE

Ce Tableau, que les Cartiers ont appelé le Monde, parce qu'ils l'ont considéré comme l'origine de tout, représente le TEMPS. On ne peut le méconnaître à son ensemble.

Dans le centre est la Déesse du Temps, avec son voile qui voltige, et qui lui sert de ceinture ou de *Peptum*, comme l'appelaient les Anciens. Elle est dans l'attitude de courir comme le Temps, et dans un cercle qui représente les révolutions du Temps, ainsi que l'œuf d'où tout est sorti dans le Temps.

Aux quatre coins du Tableau sont les emblèmes des quatre Saisons, qui forment les révolutions de l'année, les mêmes qui composaient les quatre têtes des Chérubins. Ces emblèmes sont :

L'Aigle, le Lion, le Bœuf, et le Jeune-Homme.

L'Aigle représente le Printemps, où reparaissent les oiseaux.

Le Lion, l'Été ou les ardeurs du Soleil.

Le Bœuf, l'Automne où on laboure et où on sème.

Le Jeune-Homme, l'Hiver où l'on se réunit en société.

ARTICLE II

LES COULEURS

Outre les Atouts, ce Jeu est composé de quatre Couleurs distinguées par leurs emblèmes : on les appelle ÉPÉE, COUPE, BÂTON et DENIER.

On peut voir les As de ces quatre couleurs dans la Planche VIII.

A représente l'As d'Épée, surmonté d'une couronne qu'entourent des palmes.

C, l'As de Coupe : il a l'air d'un Château ; c'est ainsi qu'on faisait autrefois les grandes tasses d'argent

D, l'As de Bâton ; c'est nue vrai massue.

B, l'As de Denier, environné de guirlandes.

Chacune de ces couleurs est composée de quatorze Cartes, c'est-à-dire de dix Cartes numérotées depuis I jusqu'à X, et de quatre Cartes figurées, qu'on appelle le Roi, la Reine, le Chevalier ou Cavalier, et son Écuyer ou Valet.

Ces quatre Couleurs sont relatives aux quatre États entre lesquels étaient divisés les Égyptiens.

L'Épée désignait le Souverain et la Noblesse toute Militaire.

La Coupe, le Clergé ou le Sacerdoce.

Le Bâton, ou Massue d'Hercule, l'Agriculture.

Le Denier, le Commerce dont l'argent est le signe.

Ce Jeu fondé sur le nombre septénaire

Ce Jeu est absolument fondé sur le nombre sacré de sept. Chaque couleur est de deux fois sept cartes. Les Atouts sont au nombre de trois fois sept ; le nombre des cartes de soixante-dix-sept ; le Fou étant comme 0. Or, personne n'ignore le rôle que ce nombre jouait chez les Égyptiens, et qu'il était devenu chez eux une formule à laquelle ils ramenaient les éléments de toutes les Sciences.

L'idée sinistre attachée dans ce Jeu au nombre treize, ramène également fort bien à la même origine.

Ce Jeu ne peut donc avoir été Inventé que par des Égyptiens, puisqu'il a pour base le nombre sept ; qu'il est relatif à la division des habitants de l'Égypte en quatre classes ; que la plupart de ses Atouts le rapportent absolument à l'Égypte, tels que les deux Chefs des Hiérophantes, homme et femme, Isis ou la Canicule, Typhon, Osiris, La Maison-Dieu, le Monde, les Chiens qui délignent le Tropique, etc. ; et que ce Jeu, entièrement allégorique, ne put être l'ouvrage que des seuls Égyptiens.

Inventé par un homme de génie, avant ou après le Jeu des Échecs, et réunissant l'utilité au plaisir, il et parvenu jusqu'à nous à travers tous les siècles : il a survécu à la ruine entière de l'Égypte et de ces connaissances qui la distinguaient ; et tandis qu'on n'avait nulle idée de la sagesse des leçons qu'il renfermait, on ne laissait pas de s'amurer du Jeu qu'elle avait inventé.

Il est d'ailleurs aisé de tracer la route qu'il a tenue pour arriver dans nos Contrées. Dans les premiers siècles de l'Église, les Égyptiens étaient très répandus à Rome ; ils y avaient porté leurs cérémonies et le culte d'Isis ; par conséquent le Jeu dont il s'agit.

Ce Jeu, intéressant par lui-même, fut borné à l'Italie jusqu'à ce que les liaisons des Allemands avec les Italiens le firent connaître de cette seconde Nation ; et jusqu'à ce que celles des Comtes de Provence avec l'Italie, et surtout le séjour de la Cour de Rome à Avignon, le naturalisa en Provence et à Avignon.

S'il ne vint pas jusqu'à Paris, il faut l'attribuer à la bizarrerie de ses figures et au volume de les Cartes qui n'étaient point de nature à plaire à la vivacité des Dames Françaises. Aussi fût-on obligé, comme nous le verrons bientôt, de réduire excessivement ce Jeu en leur faveur.

Cependant l'Égypte elle-même ne jouit point du fruit de son invention : réduits à la servitude la plus déplorable, à l'ignorance la plus profonde, privée de tous les Arts, ses Habitants seraient hors d'état de fabriquer une seule Carte de ce Jeu.

Si nos Cartes Françaises, infiniment moins compliquées, exigent le travail soutenu d'une multitude de mains et le concours de plusieurs Arts, comment ce Peuple infortuné aurait-il pu conserver les siennes ? Tels font les maux qui fondent sur une Nation asservie, qu'elle perd jusqu'aux objets de ses amusements : n'ayant pu conserver les avantages les plus précieux, de quel droit prétendrait-elle à ce qui n'en était qu'un délassement agréable ?

NOMS ORIENTAUX CONSERVÉS DANS CE JEU

Ce Jeu a conservé quelques noms qui le déclareraient également Jeu. Oriental si on n'en avait pas d'autres preuves.

Ces Noms sont ceux de TARO, de MAT et de PAGAD.

1. — TAROTS

Le nom de ce Jeu est pur Égyptien : il est composé du mot *TAR*, qui signifie voie, chemin ; et du mot *RO, ROS, ROG*, qui signifie Roi, Royal. C'est, mot-à-mot, le chemin Royal de la vie.

Il se rapporte en effet à la vie entière des Citoyens, puisqu'il est formé des divers États entre lesquels ils sont divisés, et que ce Jeu les suit depuis leur naissance jusqu'à la mort, en leur montrant toutes les vertus et tous les guides physiques et moraux auxquels ils doivent s'attacher, tels que le Roi, la Reine, les Chefs de la Religion, le Soleil, la Lune, etc.

Il leur apprend en même temps par le Joueur de gobelets et par la roue de fortune, que rien n'est plus inconstant dans ce monde que les divers États de l'homme : que son seul refuge est dans la vertu, qui ne lui manque jamais au besoin.

2. — MAT

Le Mat, nom vulgaire du Fou, et qui subsiste en Italien, vient de l'Oriental *Mat*, assommé, meurtri, fêlé. Les Fous ont toujours été représentés comme ayant le cerveau fêlé.

3. — PAGAD

Le Joueur de gobelets est appelé PAGAD dans le courant du Jeu. Ce nom qui ne ressemble à rien dans nos Langues Occidentales, est Oriental pur et très bien choisi: PAG signifie en Orient, Chef, Maître, Seigneur : GAD, la Fortune. En effet, il est représenté comme disposant du sort avec sa baguette de Jacob ou sa verge des Mages.

ARTICLE III
MANIÈRE DONT ON JOUE AUX TAROTS

1°. — Manière de donner les Cartes

Un de nos Amis, M. L'A. R. a bien voulu nous expliquer la manière donc on le joue : c'est lui qui va parler, si nous l'avons bien compris.

On joue ce Jeu à deux, mais on donne les Cartes comme si on jouait trois : chaque Joueur n'a donc, qu'un tiers des Cartes : ainsi pendant le combat il y a toujours un tiers des Troupes qui se reposent ; on pourrait les appeler le Corps de réserve.

Car ce Jeu est un Jeu de guerre, et non un jeu pacifique comme on l'avait dit mal-à-propos : or dans toute Armée il y a un Corps de réserve. D'ailleurs, cette réserve rend le Jeu plus difficile, puisqu'on a beaucoup plus de peine à deviner les Cartes que peut avoir son adversaire.

On donne les Cartes par cinq, ou de cinq en cinq.

Sur les 78 Cartes, il en reste donc trois à la fin ; au lieu de les partager entre les Joueurs et la réserve ou le Mort, celui qui donne les garde pour lui ; ce qui lui donne l'avantage d'en écarter trois.

2°. — Manière de compter les points de son Jeu

Les Atouts n'ont pas tous la même valeur.

Les 21, 20, 19, 18 et 17, sont appelés les cinq grands Atout.

Les 1, 2, 3, 4, et 5, sont appelés les cinq petits.

Si on en a trois des grands ou trois des petits, on compte cinq points : dix points, si on en a quatre ; et quinze, si on en a cinq.

C'est encore une manière de compter Égyptienne : le dinaire ou denier de Pythagore étant égal au quaternaire, puisque un, deux, trois et quatre ajoutés ensemble font dix.

Si on a dix Atout dans son Jeu, on les étale, et ils valent encore dix points ; si on en a treize, on les étale aussi, et ils valent quinze points, indépendamment des autres combinaisons.

Sept Cartes portent le Nom de Tarots par excellence : ce font les Cartes privilégiées ; et encore ici, le nombre de sept. Ces Cartes sont :

> Le Monde ou Atout 21.
> Le Mat ou Fou. 0.
> Le Pagad ou Atout 1.
> Et les quatre Rois.

Atouts-Tarots.

Si on a deux de ces Atouts-Tarots, on demande à l'autre, *qui ne l'a ?* si celui-ci ne peut répondre en montrant le troisième, celui qui a fait la question marque 5 points : il en marque 15 s'il les a tous trois. Les fréquences ou les 4 figures de la même couleur valeur 5 points.

3°. — Manier, de jouer ses Cartes

Le Fou ne prend rien, rien ne le prend : il forme Atout, il est de toute couleur également.

Joue-t-on un Roi, n'a-t-on pas la Dame, on met le Fou, ce qui s'appelle *excus*.

Le Fou avec deux Rois, compte 5 points : avec trois, quinze. Un Roi coupé, ou mort, 5 points pour celui qui coupe.

Si on prend Pagad à son adversaire, on marque 5 points.

Alors le Jeu est de prendre à son adversaire les figures qui comptent le plus de points, et de faire tous ses efforts pour former des séquences : l'adversaire doit faire tous les siens pour sauver les grandes figures : par conséquent voir venir, en sacrifiant de faibles Atouts, ou les plus faibles Cartes de ses couleurs.

Il doit surtout se faire des renonces, afin de sauver ses fortes Cartes en coupant celles de son adversaire.

4°. — Écart de celui qui donne

Celui qui donne ne peut écarter ni Atouts ni Rois ; il se ferait trop beau Jeu, puisqu'il se trouverait sans péril. Tout ce qu'on lui permet en faveur de sa primauté, c'est d'écarter une séquence : car elle compte, et elle peut lui former une renonce, ce qui est un double avantage.

5°. — Manière de compter les mains

La partie est en cent, comme au Piquet, avec cette différence, que ce n'est pas celui qui arrive le premier à cent lorsque la partie est commencée qui gagne, mais celui qui fait alors le plus de points ; car il faut que toute partie commencée aille jusqu'au bout il offre ainsi plus de ressource que le Piquet.

Pour compter les points qu'on a dans ses mains, chacune des sept Cartes appelées Tarots, avec une Carte de couleur, vaut 5 points.

La Dame avec une Carte, 4.

Le Cavalier avec une Carte, 3.

Le Valet avec une Carte, 2.

2 Cartes simples ensemble, 1.

On compte l'excédent des points qu'un des adversaires a sur l'autre, et il les marque : on continue de jouer jusqu'à ce qu'on soit parvenu à cent.

ARTICLE IV

JEU des TAROTS considéré comme un Jeu de Géographie. Politique

On nous a fait voir sur un Catalogue de Livres Italiens, le titre d'un Ouvrage où la Géographie est entrelacée avec le Jeu des Tarots : et nous n'avons pu avoir ce Livre. Contient-il des leçons de Géographie à graver sur chaque Carte de ce Jeu ? Est-ce une application de ce Jeu à la Géographie ? Le champ de conjectures est sans fin, et peut-être qu'à force de multiplier les combinaisons, nous nous éloignerions plus des vues de cet Ouvrage. Sans nous embarrasser de ce qu'il a pu dire, voyons nous-même comment les Égyptiens auraient pu appliquer ce Jeu à la Géographie Politique, telle qu'elle était connue de leur temps, il y a à peu près trois mille ans.

Le Temps ou le MONDE, représenterait le Globe de la Terre et ses révolutions.

LA CRÉATION, le moment où la Terre sortit du chaos, où elle prit une forme, se divisant en Terres et en mers, et où l'homme fut créé pour devenir le Maître, le Roi de cette belle propriété.

LES QUATRE VERTUS Cardinales, correspondent aux IV côtés du Monde, Orient, Occident, Nord et Midi, ces quatre points relatifs à l'homme, par lesquels il est au centre de tout, qu'on peut appeler sa droite, sa gauche, la face et son dos, et d'où les connaissances s'étendent en rayons jusqu'à l'extrémité de tout, suivant l'étendue de ses yeux physiques premièrement, et puis de ses yeux intellectuels bien autrement perçants.

LES QUATRE COULEURS feront les IV Régions ou parties du Monde correspondantes aux quatre points cardinaux, l'Asie, l'Afrique, l'Europe et la Celto-Scythie ou les Pays glacés du Nord : division qui s'est augmentée de l'Amérique depuis sa découverte, et où pour ne rien perdre de l'ancienne on a substitué à la Celto-Scythie les Terres polaires du Nord et du Midi.

L'ÉPÉE représente l'ASIE, Pays des grandes Monarchies, des grandes Conquêtes, des grandes Révolutions.

BÂTON, l'ÉGYPTE nourricière des Peuples, et symbole du Midi, des Peuples noirs.

COUPE, le NORD, d'où descendirent les Peuples, et d'où vint l'Instruction et la Science.

DENIER, l'EUROPE ou l'Occident, riche en mines d'or dans ces commencements du monde, que si mal à propos nous appelions le vieux temps les temps antiques.

Chacune des X Cartes numérotées de ces IV couleurs, sera une des grandes Contrées de ces IV Régions du Monde.

Les X. Cartes d'ÉPÉE auront représenté, l'Arabie ; l'Idumée, qui régnait sur les Mers du Midi ; la Palestine peuplée d'Égyptiens ; la Phénicie, Maîtresse de la Mer Méditerranée ; la Syrie ou Aramée, la Mésopotamie ou Chaldée, la Médie, la Susiane, la Perse et les Indes.

Les X. Cartes de BÂTON auront représenté les trois grandes divisions de l'Égypte, Thébaïde ou Égypte supérieure, Delta ou basse Égypte, Heptanome ou Égypte du milieu divisée en sept Gouvernements. Ensuite l'Éthiopie, la Cyrénaïque, ou à sa place les terres de Jupiter Ammon, la Lybie ou Carthage, les Pacifiques Atlantes, les Numides vagabonds, les Maures appuyés sur l'Océan Atlantique ; les Gétules, qui placés au Midi de l'Atlas, se répandaient dans ces vastes Contrées que nous appelons aujourd'hui Nigritie et Guinée.

Les X Cartes de DENIER auront représenté l'Île de Crète, Royaume de l'illustre Minos, la Grèce et ses Îles, l'Italie, la Sicile et ses volcans, les Baléares célèbres par l'habileté de leurs troupes de trait, la Bétique riche en troupeaux, la Celtibérie abondante en mines d'or : Cadix ou Cadir, l'Île d'Hercule par excellence, la plus commerçante de l'Univers ; la Lusitanie et les Îles Fortunées, ou Canaries.

Les X Cartes de COUPE, l'Arménie et son mont Ararat, l'Ibérie, les Scythes de l'Imaüs, les Scythes du Caucase, les Cimmériens des Palus-Méotides, les Gètes ou Goths, les Daces, les Hyperboréens si célèbres dans cette haute

Antiquité, les Celtes errants dans leurs forets glacées, l'Île de Thulé aux extrémités du Monde.

Les quatre Cartes figurées de chaque couleur auront contenu des détails géographiques relatifs à chaque Région.

Les Rois, l'état des Gouvernements de chacune, les forces des Empires qui les composaient, et comment elles étaient plus ou moins considérables suivant que l'Agriculture y était en usage et en honneur ; cette source intarissable de richesses toujours renaissantes.

Les REINES, le développement de leurs Religions, de leurs Mœurs, de leurs Usages, surtout de leurs Opinions, l'Opinion ayant toujours été regardée comme la Reine du monde. Heureux celui qui saura la diriger ; il sera toujours Roi de l'Univers, maître de ses semblables; c'est Hercule l'éloquent qui mène les hommes avec des freins d'or.

Les CAVALIERS, les exploits des Peuples, l'Histoire de leurs Héros ou Chevaliers ; celle de leurs Tournois, de leurs Jeux, de leurs batailles.

Les VALETS, l'Histoire des Arts, leur origine, leur nature ; tout ce qui regarde la portion industrieuse de chaque Nation, celle qui se livre aux objets mécaniques, aux Manufactures, au Commerce qui varie de cent manières la forme des richesses sans rien ajouter au fond, qui fait circuler dans l'Univers ces richesses et les objets de l'industrie ; qui met à même les Agricoles de faire renaître les richesses en leur fournissant les débouchés les plus prompts de celles qu'ils ont déjà fait naître, et comment tout est étranglé dès que cette circulation ne joue pas avec liberté, puisque les Commerçants sont moins occupés, et ceux qui leur fournissent découragés.

L'ensemble des XXI ou XXII Atouts, les XXII Lettres de l'Alphabet Égyptien commun aux Hébreux et aux Orientaux, et qui servant de chiffres, sont nécessaires pour tenir compte de l'ensemble de tant de contrées.

Chacun de ces Atouts aura eu en même temps un usage particulier. Plusieurs auront été relatifs aux principaux objets de la Géographie Céleste, si on peut se servir de cette expression. Tels :

Le Soleil, la Lune, le Cancer, les Colonnes d'Hercule, les Tropiques ou leurs Chiens.

La Canicule cette belle et brillante Portière des Cieux.

L'Onde céleste, sur laquelle s'appuient tous les Astres en exécutant leurs révolutions autour d'elle, Constellation admirable représentée par les sept Taros, et qui semble publier en caractères de feu imprimés sur nos têtes et dans le Firmament, que notre Système solaire fut fondé comme les Sciences sur la Formule de sept, et peut être même la masse entière de l'Univers.

Tous les autres peuvent être considérés relativement à la Géographie politique et morale, au vrai Gouvernement des États : et même au gouvernement de chaque homme en particulier.

Les quatre Atouts relatifs à l'autorité civile et religieuse, font connaître l'importance pour un État de l'unité de Gouvernement, et de respect pour les Anciens.

Les quatre Vertus Cardinales montrent que les États ne peuvent se soutenir que par la bonté du Gouvernement, par l'excellence de l'instruction, par la pratique des vertus dans ceux qui gouvernent et qui sont gouvernés : Prudence à corriger les abus, Force pour maintenir la paix et l'union, Tempérance dans les moyens, Justice envers tous. Comment l'ignorance, la hauteur, l'avarice, la sottise dans les uns, engendrent dans les autres un mépris funeste : d'où résultent les désordres qui ébranlent jusque dans leurs fondements les Empires où on viole la Justice, où on force tous les moyens, où l'on abuse de sa force, et où on vit sans prévoyance. Désordres qui ont détruit tant de Familles dont le nom avait retenti si longtemps par toute la Terre, et qui avaient régné avec tant de gloire sur les Nations étonnées.

Ces vertus ne sont pas moins nécessaires à chaque Individu. La Tempérance règle ses devoirs envers soi-même, surtout envers son propre corps qu'il ne traite trop souvent que comme un malheureux esclave, martyr de ses affections désordonnées.

La Justice qui règle les devoirs envers son prochain et envers la Divinité elle-même à qui il doit tout.

DU JEU DES TAROTS

La Force avec laquelle il se soutient au milieu des ruines de l'Univers, il se rit des efforts vains et insensés des passions qui l'assiègent sans cesse de leurs flots impétueux.

Enfin, la Prudence avec laquelle il attend patiemment le succès de ses soins, prêt à tout événement et semblable à un fin joueur qui ne risque jamais son jeu et sait tirer parti de tout.

Le Roi triomphant devient alors l'emblème de celui qui au moyen de ces vertus a été sage envers lui-même, juste envers autrui, fort contre les passions, prévoyant à s'amasser des ressources contre les temps d'adversité.

Le Temps qui use tout avec une rapidité inconcevable, la Fortune qui se joue de tout ; le Bateleur qui escamote tout, la Folie qui est de tout, l'Avarice qui perd tout ; le Diable qui se fourre partout ; la Mort qui engloutit tout, nombre septénaire singulier qui est de tout pays, peut donner lieu à des observations non moins importantes et non moins variées.

Enfin, celui qui a tout à gagner et rien à perdre, le Roi véritablement triomphant, c'est le vrai Sage qui la lanterne en main est sans cesse attentif à ses démarches, ne fait aucune école, connait tout ce qui est bien pour en jouir, et aperçoit tout ce qui est mal pour l'éviter.

Telle serait ou à peu près l'explication géographico-politique-morale de cet antique Jeu : et telle doit être la fin de tous. Humanité, que vous seriez heureuse, si tous les jeux se terminaient ainsi !

ARTICLE V

Rapport de ce Jeu avec un Monument Chinois

M. BERTIN qui a rendu de si grands services à la Littérature et aux Sciences, par les excellents Mémoires qu'il s'est procurés, et qu'il a fait publier sur la Chine, nous a communiqué un Monument unique qui lui a été envoyé de cette vaste Contrée, et qu'on fait remonter aux premiers âges de cet Empire, puisque les Chinois le regardent comme une Inscription relative au dessèchement des eaux du Déluge par Yao.

Il est composé de caractères qui forment de grands compartiment en quarré long, tous égaux, et précisément de la même grandeur que les Cartes du Jeu des Tarots.

Ces compartiment sont distribués en six colonnes perpendiculaires, dont les cinq premières renferment quatorze compartiments chacune, tandis que la sixième qui n'est remplie qu'à moitié n'en contient que sept.

Ce Monument est donc composé de soixante-dix-sept figures, ainsi que le Jeu de Tarots : et il est formé d'après la même combinaison du nombre sept, puisque chaque colonne pleine est de quatorze figures, et que celle qui ne l'est qu'à demi, en contient sept.

Sans cela, on aurait pu arranger ces soixante-dix-sept compartiments, de manière à ne laisser presque point de vide dans cette sixième colonne : on n'aurait eu qu'à faire chaque colonne de treize compartiments ; et la sixième en auront eu douze.

Ce Monument est donc parfaitement semblable, quant à la disposition, au Jeu des Tarots, si on les collait sur un seul Tableau : les quatre couleurs seraient les quatre premières colonnes à quatorze cartes chacune : et les atouts au nombre de vingt-un, rempliraient la cinquième colonne, et précisément la moitié de la sixième.

DU JEU DES TAROTS

Il ferait bien singulier qu'un rapport pareil fût le simple effet du hasard : il est donc très apparent que l'un et l'autre de ces Monuments ont été formés d'après la même théorie, et sur l'attachement au nombre sacré de sept ; ils ont donc l'air de n'être tous les deux qu'une application différente d'une seule et même formule, antérieure peut-être à l'existence des Chinois et des Égyptiens : peut-être même trouvera-t-on quelque chose de pareil chez les Indiens ou chez les Peuples du Tibet placés entre ces deux anciennes Nations.

Nous avons été fort tentés de faire aussi graver ce Monument Chinois ; mais la crainte de le mal figurer en le réduisant à un champ plus petit que l'original, joint à l'impossibilité où nos moyens nous mettent de faire tout ce qu'exigerait la perfection de notre ouvrage, nous a retenu.

N'omettons pas que les figures Chinoises sont en blanc sur un fond très noir ; ce qui les rend très saillantes.

ARTICLE VI
Rapport de ce Jeu avec les Quadrilles ou Tournois

Pendant un grand nombre de siècles, la Noblesse montait à cheval, et divisée en couleurs ou en factions, elle exécutait entre elle des combats feints ou Tournois parfaitement analogues à ce qu'on exécute dans les jeux de cartes, et surtout dans celui des Tarots, qui était un jeu militaire de même que, celui des échecs, en même temps qu'il pouvait être envisagé comme un jeu civil, en quoi il l'emportait sur ce dernier.

Dans l'origine, les Chevaliers du Tournois étaient divisés en quatre, même en cinq bandes relatives aux quatre couleurs des Tarots et à la masse des Atouts. C'est ainsi que le dernier divertissement de ce genre qu'on ait vu en France, sur donné en 1662, par Louis XIV, entre les Tuileries et le Louvre, dans cette grande place qui en a conservé le nom de Carrousel. Il était composé de cinq Quadrilles. Le Roi était à la tête des Romains : son Frère, Chef de la Maison d'Orléans, à la tête des Persans : le Prince de Condé commandait les Turcs : le Duc d'Enghien son fils, les Indiens : le Duc de Guise, les Américains. Trois Reines y assistèrent sous un dais : la Reine-Mère, la Reine régnante, la Reine d'Angleterre veuve de Charles II. Le Comte de Sault, fils du Duc de Lesdiguières, remporta le prix et le reçut des mains de la Reine-Mère.

Les Quadrilles étaient ordinairement composés de 8 ou de 12 Cavaliers pour chaque couleur : ce qui, à 4 couleurs et à 8 par Quadrille, donne le nombre 32, qui forme celui des Cartes pour le Ieu de Piquet : et à 5 couleurs, le nombre 40 qui est celui des Cartes pour le Jeu de Quadrille.

ARTICLE VII
Jeux de Cartes Espagnols

Lorsqu'on examine les Jeux de Cartes en usage chez les Espagnols, on ne peut s'empêcher de reconnaître qu'ils sont un diminutif des Tarots.

Leurs Jeux les plus distingués sont celui de l'Hombre qui le joue à trois : et le Quadrille qui le joue à quatre et qui n'est qu'une modification du Jeu de l'Hombre.

Celui-ci signifie le *Jeu de l'Homme* ou de la vie humaine; il a donc un nom qui correspond parfaitement à celui du Tarot.

Il est divisé en quatre couleurs qui portent les mêmes noms que dans les Tarots, tels que SPADILLE ou épée, BASTE ou bâton, qui sont les deux couleurs noires ; COPA ou Coupe, et DINERO ou Denier, qui sont les deux couleurs rouges.

Plusieurs de ces noms se sont transmis en France avec ce Jeu ; ainsi l'as de pique est appelé SPADILLE ou épée : l'as de trèfle, BASTE, c'est-à-dire, bâton, L'as de cœur est appelé PONTE, de l'Espagnol *Punto*, as, ou un point.

Ces Atouts, qui sont les plus forts, s'appellent MATADORS, ou les Assommeurs, les Triomphants qui ont détruit leurs ennemis.

Ce Jeu est entièrement formé sur les Tournois ; la preuve en est frappante, puisque les couleurs en sont appelées *Palos* ou pieux, les lances, les piques, les Chevaliers.

Les Cartes elles-mêmes sont appelées NAYPES, du mot Oriental NAI, qui signifie prendre, tenir : mot-à-mot, les TENANTS.

Ce sont donc quarte ou cinq Quadrilles de Chevaliers qui le battent en Tournois.

Ils sont quarante, appelés NAYPES ou TENANTS.

Quatre couleurs appelées *Palos* ou rangs de piques.

Les Vainqueurs sont appelés *Matadors* ou Assommeurs, ceux qui sont venus à bout de défaire leurs ennemis.

Enfin les noms des quatre couleurs, celui même du Jeu, démontrent qu'il a été formé en entier sur le Jeu des Tarots ; que les Cartes Espagnoles ne sont qu'une imitation en petit du Jeu Égyptien.

ARTICLE VIII
Cartes Françaises

D'après ces données, il n'est personne qui ne s'aperçoive sans peine que les Cartes Françaises ne sont elles-mêmes. qu'une imitation des Cartes Espagnoles, et qu'elles sont ainsi l'imitation d'une imitation, par conséquent une institution bien dégénérée, loin d'être une invention originale et première, comme l'ont cru mal à propos nos Savants qui n'avaient en cela aucun point de comparaison, seul moyen de découvrir les causes et les rapports de tout.

On suppose ordinairement que les Cartes Françaises furent inventées sous le Règne de Charles VI, et pour amuser ce Prince faible et infirme : mais ce que nous nous croyons en droit d'affirmer, c'est qu'elles ne furent qu'une imitation des Jeux méridionaux.

Peut-être même serions-nous en droit de supposer que les Cartes Françaises sont plus anciennes que Charles VI, puisqu'on attribue dans DUCANGE[3] à S. BERNARD de Sienne, contemporain de Charles V, d'avoir condamné au feu, non seulement les marques et les dés à jouer, mais même les *Cartes Triomphales* ; ou du Jeu appelé la Triomphe.

On trouve dans le même Ducange les Statuts Criminels d'une Ville appelée SAONA, qui défend également les Jeux de Cartes.

Il faut que ces Statuts soient très anciens, puisque dans cet Ouvrage on n'a pu en indiquer le temps : cette Ville doit être celle de SAVONE.

Ajoutons qu'il fallait que ces Jeux fussent bien plus anciens que S. Bernard de Sienne : aurait-il confondu avec les dés et les masques un Jeu nouvellement inventé pour amuser un grand Roi ?

Nos Cartes Françaises ne présentent d'ailleurs nulle vue, nul génie, nul ensemble. Si elles ont été inventées d'après les Tournois, pourquoi a-t-on

---

[3] Au mot CHARTA.

supprimé le Chevalier, tandis qu'on conservait son Écuyer ? pourquoi n'admettre dés-lors que treize Cartes au lieu de quatorze par couleur ?

Les noms des couleurs se sont dégénérés au point de n'offrir plus d'ensemble. Si on peut reconnaître l'épée dans la pique, comment le bâton est-il devenu trèfle ? et comment est ce que le cœur et le carreau correspondent à coupe et à denier ; et quelles idées réveillent ces couleurs ?

Quelle idée présentent également les noms donnés aux quatre Rois ? David, Alexandre, César, Charlemagne, ne sont pas même relatifs aux quatre fameuses Monarchies de l'Antiquité, ni à celles des temps modernes. C'est un monstrueux composé.

Il en est de même des noms des Reines : on les appelle Rachel, Judith ; Pallas et Argine : il est vrai qu'on a cru que c'étaient des noms allégoriques relatifs aux quatre manières dont une Dame s'attire les hommages des hommes : que Rachel désigne la beauté, Judith la force, Pallas la sagesse, et Argine, où l'on ne voit que l'anagramme *Regina*, Reine, la naissance.

Mais quels rapports ont ces noms avec Charles VI ou avec la France ? que ces allégories sont forcées !

Il est vrai qu'entre les noms des Valets on trouve celui de la Hire, qui pourrait se rapporter à un des Généraux François de Charles VI ; mais ce seul rapport est-il suffisant pour brouiller toutes les époques ?

Nous en étions ici lorsqu'on nous a parlé d'un Ouvrage de M. l'Abbé RIVE, où il discute le même objet : après l'avoir cherché en vain chez la plupart de nos Libraires, M. de S. PATERNE nous le prête.

Cet Ouvrage est intitulé :

NOTICES historiques et critiques de deux Manuscrits de la Bibliothèque de M. le Duc de LAVALLIÈRE, dont l'un a pour titre le Roman d'Artus, Comte de Bretagne ; et l'autre, le Roman de Perrenay ou de Lusignen, par M. l'Abbé RIVE, etc. à Paris, 1779, *in*-4°. 36 pages.

À la page 7, l'Auteur commence à discuter ce qui regarde l'origine des Cartes Françaises ; nous avons vu avec plaisir qu'il soutient, 1°. que ces Cartes sont plus anciennes que Charles VI : 2°. qu'elles sont une imitation des Cartes Espagnoles : nous allons donner un Précis succinct de ses preuves.

« Les Cartes, dit-ils sont au moins de l'an 1330 ; et ce n'est ni en France ; ni en Italie, ni en Allemagne qu'elles paraissent pour la première fois. On les voit en Espagne vers cette année, et bien longtemps avant qu'on en trouve la moindre trace dans aucune autre Nation. »

« Elles y ont été inventées, selon le Dictionnaire Castillan de 1334, par un nommé *Nicolao Pepin*... »

« On les trouve en Italie vers sa fin de ce même Siècle, sous le nom de *Naibi*, dans la Chronique de *Giovan Morelli*, qui est de l'an 1393. »

Ce savant Abbé nous apprend en même temps que la première pièce Espagnole qui en atteste l'existence, est d'environ l'an 1332. « Ce sont les Statuts d'un Ordre de Chevalerie établi vers ce temps-là en Espagne, et où les Cartes sont prohibées : cet Ordre s'appelait l'*Ordre de la Bande* ; il avait été établi par Alphonse XI, Roi de Castille. Ceux qu'on y admettait faisaient serment de ne pas jouer aux Cartes. »

« On les voit ensuite en France sous le Règne de Charles V. Le Petit Jean de Saintré ne fut honoré des faveurs de Charles V que parce qu'il ne jouait ni aux dés ni aux Cartes, et ce Roi les proscrivit ainsi que plusieurs autres Jeux, par son Édit de 1369. On les décria dans diverses Provinces de la France ; on y donna à quelques-unes de leurs figures des noms faits pour inspirer de l'horreur. En Provence, on en appela les Valets *Tuchim*. Ce nom désignait une race de Voleurs qui, en 1361, avaient causé dans ce Pays et dans le Comtat Venaissin, un ravage si horrible, que les Papes furent obligés de faire prêcher une Croisade pour les exterminer. Les Cartes ne furent introduites dans la Cour de France que sous le Successeur de Charles V. On craignit même en les y introduisant, de blesser la décence, et on imagina en conséquence un prétexte : ce fut celui de calmer la mélancolie de Charles VI... On inventa sous Charles VII le Jeu de Piquet. Ce Jeu fut cause que les Cartes se répandirent, de la France, dans plusieurs autres parties de l'Europe. »

Ces détails sont très intéressants ; leurs conséquences le sont encore plus. Ces Cartes contre lesquelles on fulminait dans le XIVᵉ Siècle, et qui rendaient indigne des Ordres de Chevalerie, étaient nécessairement très anciennes : elles ne pouvaient être regardées que comme des restes d'un honteux Paganisme : c'éraient donc les Cartes des Tarots ; leur figure bizarre, leurs noms singuliers, tels que la Maison-Dieu, le Diable, la Papesse, etc. leur haute Antiquité qui se perd dans la nuit des temps, les sorts qu'on en tirait etc. tout devait les faire regarder comme un amusement diabolique, comme une œuvre de la plus noire magie, d'une sorcellerie condamnable.

Cependant le moyen de ne pas jouer ! on inventa donc des Jeux plus humains, plus épurés, dégagés de figures qui n'étaient bonnes qu'à effrayer de-là, les Cartes Espagnoles et les Cartes Françaises qui ne fureur jamais vouées à l'interdit comme ces Cartes maudites venues de l'Égypte, mais qui cependant se traînaient de loin sur ce Jeu ingénieux.

De-là surtout le Jeu de Piquet, qui est une imitation sensible et incontestable des Tarots, vrai Piquet, puisqu'on y joue à deux, qu'on y écarte, qu'on y a des séquences, qu'on y va en cent : qu'on y compte le Jeu qu'on a en main, et les levées, et qu'on y trouve nombre d'autres rapports aussi frappants.

CONCLUSION

Nous osons donc nous flatter que nos Lecteurs recevront avec plaisir ces diverses vues sut des objets aussi communs que les Cartes, et qu'ils trouveront qu'elles rectifient parfaitement les idées vagues et mal combinées qu'on avait eues jusqu'à présent sur cet objet.

Qu'on n'avancera plus comme démontrées ces propositions.

Que les Cartes existent que depuis Charles VI.

Que les Italiens sont le dernier Peuple qui les ait adoptées.

Que les figures du Jeu des Tarots sont extravagantes.

Qu'il est ridicule de chercher l'origine des Cartes dans les divers états de la vie civile.

Que ces Jeux sont l'image de la vie paisible, tandis que celui des Échecs est l'image de la guerre.

Que le Jeu des Échecs est plus ancien que celui des Cartes.

C'est ainsi que l'absence de la vérité, en quelque genre que ce soit, engendre une foule d'erreurs de toute espèce, qui deviennent plus ou moins désavantageuses, suivant qu'elles se lient avec d'autres vérités, qu'elles contrastent avec elles ou qu'elles les repoussent.

Application de ce Jeu à la Divination

Pour terminer ces recherches et ces développements sur le Jeu Égyptien, nous allons mettre sous les yeux du Public la Dissertation que nous avons annoncée et où l'on prouve comment les Égyptiens appliquaient ce Jeu à l'art de deviner, et de quelle manière ce même point de vue s'est transmis jusque dans, nos Cartes à jouer faites à l'imitation de celles-là.

On y verra en particulier ce que nous avons déjà dit dans ce Volume, que l'explication des Songes tenait dans l'Antiquité à la Science Hiéroglyphique et Philosophique des Sages, ceux-ci ayant cherché à réduire en science le résultat de leurs combinaisons sur les Songes dont la Divinité permettait l'accomplissement ; et que toute cette science s'évanouit dans la suite des temps, et fut sagement défendue, parce qu'elle le réduisit à de vaines et futiles observations, qui dans des Siècles peu éclairés auraient pu être contraires aux intérêts les plus essentiels des faibles et des superstitieux.

Cet Observateur judicieux nous fournit de nouvelles preuves que les Cartes Espagnoles sont une imitation de l'Égypte, puisqu'il nous apprend que ce n'est qu'avec un Jeu de Piquet qu'on consulte les sorts, et que plusieurs noms de ces Cartes sont absolument relatifs à des idées Égyptiennes.

Le Trois de denier est appelle le Seigneur, ou *Osiris*.

Le Trois de coupe, la Souveraine, ou *Isis*.

Le Deux de coupe, la *Vache*, ou *Apis*.

Le Neuf de denier, *Mercure*.

L'As de bâton, le *Serpent*, symbole de l'Agriculture chez les Égyptiens.

L'As de denier, le *Borgne*, ou *Apollon*.

Ce nom de BORGNE, donné à Apollon ou au Soleil comme n'ayant qu'un œil, est une épithète prise dans la Nature et qui nous fournira une preuve à ajouter à plusieurs autres, que le fameux personnage de l'Edda qui a perdu un de ses yeux à une célèbre fontaine allégorique, n'est autre que le Soleil, le Borgne ou l'Œil unique par excellence.

Cette Dissertation est d'ailleurs si remplie de choses, et si propre à donner de saines idées sur la manière dont les Sages d'Égypte consultaient le Livre du Destin, que nous ne doutons pas qu'elle ne soit bien accueillie du Public, privé d'ailleurs jusqu'à présent de recherches pareilles, parce que jusqu'à présent personne n'avait eu le courage de s'occuper d'objets qui paraissaient perdus à jamais dans la profonde nuit des temps.

RECHERCHES SUR LES TAROTS
ET SUR LA DIVINATION PAR LES CARTES DES TAROTS
PAR M. LE C. DE M.***

I. — LIVRE DE THOT

Le désir d'apprendre se développe dans le cœur de l'homme à mesure que son esprit acquiert de nouvelles connaissances : le besoin de les conserver, et l'envie de les transmettre, fit imaginer des caractères dont THOT ou Mercure fut regardé connue l'inventeur. Ces caractères ne furent point, dans le principe, des signes de convention, qui n'exprimassent, comme nos lettres actuelles, que le son des mots ; ils étaient autant d'images véritables avec lesquelles on formait des Tableaux, qui peignaient aux yeux les choses dont on voulait parler.

Il est naturel que l'Inventeur de ces Images ait été le premier Historien : en effet THOT est considéré comme ayant peint les Dieux,[4] c'est-à-dire, les actes de la Toute-puissance, ou la Création, à laquelle il joignit des Préceptes de Morale. Ce Livre paraît avoir été nommé A-ROSH ; d'A, Doctrine, Science ; et de ROSCH,[5] Mercure, qui, joint à l'article T, signifie Tableaux de la Doctrine de Mercure ; mais comme Rosh veut aussi dire *Commencement*, ce mot TA-ROSH fut particulièrement consacré à sa Cosmogonie ; de même que l'ETHOTIA, *Histoire du Temps*, fut le titre de son Astronomie ; et peut-être qu'ATHOTHES, qu'on a pris pour un Roi, fils de Thot, n'est que l'enfant de son génie, et l'Histoire des Rois d'Égypte.

Cette antique Cosmogonie, ce Livre des Ta-Rosh, à quelques légères altérations près, paraît être parvenu jusqu'à nous dans les Cartes qui portent

---

[4] Les Dieux, dans l'Écriture et dans l'expression Hiéroglyphique, sont Éternel et les Vertus, représentés avec un corps.

[5] Rosh est le nom Égyptien de Mercure et de sa Fête qui se célébrait le premier jour de l'an.

encore ce nom,[6] soit que la cupidité les ait conservées pour filouter le désœuvrement, ou que la superstition ait préservé des injures du temps, des symboles mystérieux qui lui servaient, comme jadis aux Mages, à tromper la crédulité.

Les Arabes communiquèrent ce Livre[7] ou Jeu aux Espagnols, et les Soldats de Charles-Quint le porteront en Allemagne. Il est composé de trois Séries supérieures, représentant les trois premiers siècles, d'Or, d'Argent et d'Airain : chaque Série est formée de sept Cartes.[8]

Mais comme l'Écriture Égyptienne se lisait de gauche à droite, la vingt et unième Carte, qui n'a été numérotée qu'avec des chiffres modernes, n'en est pas moins la première, et doit être lue de même pour l'intelligence de l'Histoire ; comme elle est la première au Jeu de Tarots, et dans l'espèce de Divination qu'on opérait avec ces Images.

Enfin, il y a une vingt-deuxième Carte sans numéro comme sans puissance, mais qui augmente la valeur de celle qui la précède ; c'est le zéro des calculs magiques : on l'appelle la FOLIE.

PREMIÈRE SÉRIE
SIÈCLE D'OR

La vingt et unième, ou première Carte, représente l'UNIVERS par la Déesse Isis dans un ovale, ou un œuf, avec les quatre Saisons aux quatre coins, l'Homme ou l'Ange, l'Aigle, le Bœuf et le Lion.

Vingtième ; celle-ci est intitulée le Jugement : en effet, un Ange sonnant de la trompette, et des hommes sortant de la terre, ont du induire un Peintre,

---

[6] Vingt-deux Tableaux forment un Livre bien peu volumineux ; mais si, comme il paraît vraisemblable, les premières Traditions ont été conservées dans des Poèmes, une simple Image qui fixait l'attention du Peuple, auquel on expliquait l'événement, suffisait pour lui aider à les retenir, ainsi que les vers qui les décrivaient.

[7] On nomme encore *Livret* au Lansquenet, ou Lands-Knecht, la Série de Cartes qu'on donne aux pontes.

[8] Trois fois 7, nombre mystique, fameux chez les Cabalistes, les Pythagoriciens, etc.

peu versé dans la Mythologie, à ne voir dans ce tableau que l'image de la Résurrection ; mais les Anciens regardaient les hommes comme enfants de la Terre[9] ; et Thot voulut exprimer la CRÉATION de l'HOMME par la peinture d'Osiris, ou le Dieu générateur, du porte-voix ou VERBE qui commande à la matière, et par des LANGUES de FEU qui s'échappent de la nuée, l'Esprit[10] de Dieu ranimant cette même matière ; enfin, par des hommes sortant de la terre pour adorer et admirer la Toute-puissance : l'attitude de ces hommes n'annonce point des coupables qui vont paraître devant leur Juge.

Dix-neuvième, la CRÉATION du SOLEIL qui éclaire l'union de l'homme et de la femme, exprimée par un homme et une femme qui se donneur la main : ce signe est devenu depuis celui des Gémeaux, de l'Androgyne : *Duo in carne una*.

Dix-huitième, la CRÉATION de la LUNE et des Animaux terrestres, exprimée par un Loup et un Chien, pour signifier les Animaux domestiques et sauvages : car emblème est d'autant mieux choisi, que le Chien et le Loup sont les seuls qui hurlent à l'aspect de cet astre, comme regrettant la perte du jour. Ce caractère me ferait croire que ce Tableau aurait annoncé de très grands malheurs à ceux qui venaient consulter les Sorts, si l'on n'y avait peint la ligne du TROPIQUE, c'est-à-dire, du départ et du retour du Soleil, qui laissait l'espérance consolante d'un beau jour et d'une meilleure fortune. Cependant deux FORTERESSES qui défendent un chemin tracé de sang, et un marais qui termine le Tableau, présentent toujours des difficultés sans nombre à surmonter pour détruire un présage aussi sinistre.

Dix-septièmes, la CRÉATION des ÉTOILES et des Poissons, représentées par des Étoiles et le Verseau.

Seizième, la MAISON de DIEU renversée, ou le Paradis terrestre dont l'homme et la femme sont précipités par la queue d'une Comète ou l'ÉPÉE FLAMBOYANTE, jointe à la chute de la grêle.

---

[9] Les dents semées par Cadmus, etc.
[10] Peint même dans nos Historiens sacrés.

DU JEU DES TAROTS

Quinzième, le DIABLE ou TYPHON, dernière Carte de la première Série, vient troubler l'innocence de l'homme et terminer l'âge d'or. Sa queue, ses cornes et les longues oreilles l'annoncent comme un être dégradé : son bras gauche levé, le coude plié, formant une N, symbole des êtres produits, nous le fait connaître comme ayant été créé ; mais le flambeau de Prométhée qu'il tient de la main droite, paraît compléter la lettre M, qui exprime la génération : en effet, l'Histoire de Typhon nous induit naturellement à cette explication ; car, en privant Osiris de sa virilité, il paraît que Typhon voulait empiéter sur les droits de la Puissance productrice ; aussi fut-il le père des maux qui se répandirent sur la terre.

Les deux ÊTRES enchaînés à ses pieds marquent la Nature humaine dégradée et soumise, ainsi que la génération nouvelle et perverse, dont les ongles crochus expriment la cruauté ; il ne leur manque que les ailes (le Génie ou la Nature angélique), pour être en tout semblables au diable : un de ces êtres touche avec sa griffe la cuisse de Typhon ; emblème qui dans l'Écriture Mythologique fut toujours celui de la génération[11] charnelle : il la touche avec sa griffe gauche pour en marquer l'illégitimité.

Typhon enfin est souvent pris pour l'Hiver, et ce Tableau terminant l'âge d'or, annonce l'intempérie des Saisons, que l'homme chassé du Paradis va éprouver par la suite,

SECONDE SÉRIE
SIÈCLE D'ARGENT

Quatorzième, l'ANGE de la TEMPÉRANCE vient instruire l'homme, pour lui faire éviter la mort à laquelle il est nouvellement condamné : il est peint versant[12] de l'eau dans du vin, pour lui montrer la nécessité d'affaiblir cette liqueur, ou de tempérer ses affections.

---

[11] La naissance de Bacchus et de Minerve sont le Tableau Mythologique des deux générations.
[12] Peut-être son attitude a-t-elle trait à la culture de la Vigne.

Treizième ; ce nombre, toujours malheureux, est consacré à la Mort, qui est représentée fauchant les têtes couronnées et les têtes vulgaires.

Douzième, les accidents qui attaquent la vie humaine, représentés par un homme pendu par le pied ; ce qui veut aussi dire que, pour les éviter, il faut en ce monde marcher avec prudence : *Suspenso pede*.

Onzième, la FORCE vient au secours de la Prudence, et terrasse le Lion, qui a toujours été le symbole de la terre inculte et sauvage.

Dixième, la ROUE DE FORTUNE, au haut de laquelle est un Singe couronné nous apprend qu'après la chute de l'homme, ce ne fut déjà plus la vertu qui donna les dignités : le Lapin qui monte et l'homme qui est précipité, expriment les injustices de l'inconstante Déesse : cette roue en même temps est l'emblème de la roue de Pythagore, de la façon de tirer les forts par les nombres : cette Divination est appelée ARITHMOMANCIE.

Neuvième, l'HERMITE ou LE SAGE, la lanterne à la main, cherchant la Justice sur la Terre.

Huitième, la JUSTICE.

TROISIÈME SÉRIE
SIÈCLE DE FER

Septième, le CHARIOT de GUERRE dans lequel est un Roi cuirassé, armé d'un javelot, exprime les dissensions, les meurtres, les combats du siècle d'airain, et annonce les crimes du siècle de fer.

Sixième, l'HOMME peint FLOTTANT entre le vice et la vertu, n'est plus conduit par la raison : l'AMOUR ou le désir,[13] les yeux bandés, prêt à lâcher un trait, le fera pencher à droite ou à gauche, suivant qu'il sera guidé par le hasard.

Cinquième, Jupiter ou l'Éternel monté sur son Aigle, la foudre à la main, menace la Terre, et va lui donner des Rois dans sa colère.

---

[13] La concupiscence.

Quatrième, le ROI armé d'une massue,[14] dont l'ignorance a fait par la suite une Boule Impériale : son casque est garni par-derrière de dents de scie, pour faire connaître que rien ne pouvait assouvir son insatiabilité.[15]

Troisième, la REINE, la massue à la main ; sa couronne a les mêmes ornements que le casque du Roi.

Deuxième, l'ORGUEIL des Puissants, représenté par les Paons, sur lesquels JUNON montrant le Ciel de la main droite, et la Terre de la gauche, annonce une Religion terrestre ou l'Idolâtrie.

Première, le BATELEUR tenant la verge des Mages, fait des miracles et trompe la crédulité des Peuples.

Il est suivi d'une carte unique représentant LA FOLIE qui porte son sac ou ses défauts par derrière, tandis qu'un tigre ou les remords, lui dévorant les jarrets, retarde sa marche vers le crime.[16]

Ces vingt-deux premières Cartes sont non seulement autant d'hiéroglyphes, qui placés dans leur ordre naturel retracent l'Hiloire des premiers temps, mais elles sont encore autant de lettres[17] qui différemment combinées, peuvent former autant de phrases; aussi leur nom (A-tout) n'est que la traduction littérale de leur emploi et propriété générale.

II. — Ce Jeu appliqué à la Divination

Lorsque les Égyptiens eurent oublié la première interprétation de ces Tableaux, et qu'ils s'en furent servis comme de simples lettres pour leur Écriture sacrée, il était naturel qu'un peuple aussi superstitieux attachât une

---

[14] Osiris est souvent représenté un fouet à la main, avec un globe et un T : tout cela réuni, peut avoir produis dans la tête d'un Cartier Allemand une Boule Impériale.

[15] Ou sa vengeance, si c'est Osiris irrité.

[16] Cette Carte n'a point de rang : elle complète l'Alphabet sacré, et répond au Tau qui veut dire complément, perfection : peut-être a-t-on voulu représenter dans son sens le plus naturel le résultat des actons des hommes.

[17] L'Alphabet Hébreu est composé de 22 Lettres.

vertu occulte[18] à des caractères respectables par leur antiquité, et que les Prêtres qui seuls en avaient l'intelligence, n'employaient que pour les choses religieuses.

On inventa même de nouveaux caractères, et nous voyons dans l'Écriture Sainte que les Mages ainsi que ceux qui étaient initiés dans leurs secrets, avaient une divination par la coupe.[19]

Qu'ils opéraient des merveilles avec leur BÂTON.[20]

Qu'ils consultaient les TALISMANS[21] ou des pierres gravées.

Qu'ils devinaient les choses futures par des ÉPÉES,[22] des FLÈCHES, des HACHES, enfin par les armes en général. Ces quatre Signes furent introduits parmi les Tableaux religieux aussitôt que l'établissement des Rois eut amené la différence des états dans la Société.

L'ÉPÉE marqua la Royauté et les Puissants de la Terre.

Les Prêtres faisaient usage de Canopes pour les Sacrifices, et la COUPE désigna le Sacerdoce.

La MONNAIE, le Commerce.

Le BÂTON, la Houlette, l'Aiguillon représentèrent l'Agriculture.

Ces quatre Caractères déjà mystérieux, une fois réunis aux Tableaux Sacrés, durent faire espérer les plus grandes lumières ; et la combinaison fortuite qu'on obtenait en mêlant ces Tableaux, formait des phrases que les Mages lisaient ou interprétaient comme des Arrêts du Destin ; ce qui leur était d'autant plus facile qu'une construction due au hasard devait produire naturellement une obscurité consacrée au style des Oracles.

Chaque État eut donc son symbole qui le caractérisa ; et parmi les différents Tableaux qui portèrent cette image, il y en eut d'heureux et de

---

[18] Aussi la science des Nombres et la valeur des Lettres a-t-elle été fort célèbre autrefois.

[19] La Coupe de Joseph.

[20] La Verge de Moïse et Mages de Pharaon.

[21] Les Dieux de Laban et les Théraphim, l'Urim et le Thummim.

[22] Ils faisaient plus : ils fixaient le sort des combats ; et si le Roi Joas avait frappé la terre sept fois, au lieu de trois, il aurait détruit la Syrie, II *Rois,* XIII, 19.

malheureux, suivant que la position, le nombre des symboles et leurs ornements, les rendirent propres à annoncer le bonheur ou l'infortune.

III. — Noms de diverses CARTES, conservés par les Espagnols

Les noms de plusieurs de ces Tableaux conservés par les Espagnols, nous en font connaître la propriété. Ces noms sont au nombre de sept.

Le trois de denier, nombre mystérieux, appelé le SEIGNEUR, le Maître, consacré au Dieu suprême, au Grand Iou.

Le trois de coupe, appelé la DAME, consacré à la Reine des Cieux.

Le BORGNE ou l'As de denier, *Phœbeæ lampadis instar.*, consacré à Apollon.

La VACHE ou les deux coupes, consacrée à Apis ou Isis.

Le grand Neuf, les neuf coupes ; consacré au Destin.

Le petit Neuf de denier, consacré à Mercure.

Le SERPENT ou l'As de Bâton (Ophion) symbole fameux et sacré chez les Égyptiens.

IV. — ATTRIBUTS Mythologiques de plusieurs autres

Plusieurs autres Tableaux sont accompagnés d'attributs Mythologiques qui paraissent destinés à leur imprimer une vertu particulière et secrète.

Tels que les deux deniers entourés de la Ceinture mystique d'Isis.

Le quatre de denier, consacré à la bonne Fortune, peinte au milieu du Tableau, le pied sur sa boule et le voile déployé.

La Dame de bâton consacrée à Cérès; cette Dame est couronnée d'épis, porte la peau du lion, de même qu'Hercule le cultivateur par excellence.

Le Valet de coupe ayant le bonnet à la main, et portant respectueusement une coupe mystérieuse, couverte d'un voile ; il semble en allongeant le bras, éloigner de lui cette coupe, pour nous apprendre qu'on ne doit approcher des choses sacrées qu'avec crainte, et ne chercher à connaître celles qui sont cachées qu'avec discrétion.

L'As d'Épée consacré à Mars. L'Épée est ornée d'une couronne, d'une palme et d'une branche d'olivier avec ses baies, pour signifier la Victoire et les fruits : il ne paraît y avoir aucune Carte heureuse dans cette couleur que celle-ci. Elle est unique, parce qu'il n'y a qu'une façon de bien faire la guerre ; celle de vaincre pour avoir la paix. Cette épée est soutenue par un bras gauche sortant d'un nuage.

Le Tableau du bâton du Serpent, dont nous avons parlé plus haut, est orné de fleurs et de fruits de même que celui de l'Épée victorieuse ; ce baron mystérieux est soutenu par un bras droit sortant aussi d'une nuée, mais éclatante de rayons. Ces deux caractères semblent dire que l'Agriculture et l'Épée sont les deux bras de l'Empire et le soutien de la Société.

Les Coupes en général annonçaient le bonheur, et les deniers la richesse.

Les Bâtons destinés à l'Agriculture en pronostiquaient les récoltes plus ou moins abondantes, les choses qui devaient arriver à la campagne ou qui la regardaient.

Ils paraissent mélangés de bien et de mal : les quatre figures ont le bâton vert, semblable en cela au bâton fortuné ; mais les autres Cartes paraissent, par des ornements qui se compensent, indiquer l'indifférence : le deux seul, dont les bâtons sont couleur de sang, semble consacré à la mauvaise fortune.

Toutes les Épées ne présagent que des malheurs, surtout celles qui marquées d'un nombre impair, portent encore une épée sanglante. Le seul signe de la victoire, l'épée couronnée, est dans cette couleur le signe d'un heureux événement.

V. — COMPARAISON de ces Attributs avec les valeurs qu'on assigne aux Cartes modernes pour la Divination

Nos Diseurs de bonne-fortune ne sachant pas lire les Hiéroglyphes, en ont soustrait tous les Tableaux et changé jusqu'aux noms de coupe, de bâton, de denier et d'épée, dont ils ne connaissaient ni l'étymologie, ni l'expression ; ils ont substitué ceux de cœur, de carreau, de trèfle et de pique.

Mais ils ont retenu certaines tournures et plusieurs expressions consacrées par l'usage qui laissent entrevoir l'origine de leur divination. Selon eux,

Les Cœurs, (les Coupes), annoncent le bonheur.

Les Trèfles, (les Deniers), la fortune.

Les Piques, (les Épées), le malheur.

Les Carreaux,[23] (les Bâtons), l'indifférence et la campagne.

Le neuf de pique est une carte funeste.

Celui de cœur, la carte du Soleil ; il est aisé d'y reconnaître le grand neuf, celui des coupes : de même que le petit neuf dans le neuf de trèfle, qu'ils regardent aussi comme une carte heureuse.

Les as annoncent des Lettres, des Nouvelles : en effet qui est plus à même d'apporter des nouvelles que le BORGNE, (le Soleil) qui parcourt, voit et éclaire tout l'Univers

L'as de pique et le huit de creux présagent la victoire ; l'as couronné la pronostique de même, et d'autant plus heureuse qu'il est accompagné des coupes ou des signes fortunés.

Les cœurs et plus particulièrement le dix, dévoilent les événements qui doivent arriver à la ville. La coupe, symbole du Sacerdoce, semble destinée à exprimer Memphis et le séjour des Pontifes.

L'as de cœur et la dame de carreau annoncent une tendresse heureuse et fidèle. L'as de coupe exprime un bonheur unique, qu'on possède seul ; la dame de carreau indique une femme qui vit à la campagne, ou comme à la campagne : et dans quels lieux peut-on espérer plus de vérité, d'innocence, qu'au village ?

Le neuf de trèfle et la dame de cœur, marquent la jalousie. Quoique le neuf de denier soit une carte fortunée, cependant une grande passion, même

---

[23] Il est à remarquer que dans l'Écriture symbolique les Égyptiens traçaient des carreaux pour exprimer la campagne.

heureuse, pour une Dame vivant dans le grand monde, ne laisse pas toujours son amant sans inquiétude, etc. etc. On trouverait encore une infinité de similitudes qu'il est inutile de chercher, n'en voilà déjà que trop.

VI. — MANIÈRE dont on s'en servait pour consulter les Sorts

Suppurons actuellement que deux hommes qui veulent consulter les Sorts, ont, l'un les vingt-deux lettres, l'autre les quatre couleurs, et qu'après avoir chacun mêlé les caractères, et s'être donné réciproquement à couper, ils commencent à compter ensemble jusqu'au nombre quatorze, tenant les tableaux et les cartes à l'envers pour n'en apercevoir que le dos ; alors s'il arrive une carte à son rang naturel, c'est-à-dire, qui porte le numéro appelé, elle doit être mise à part avec le nombre de la lettre sortie en même temps, qui sera placé au-dessus : celui qui tiendra les tableaux y remettra cette même lettre, pour que le livre du Destin soit toujours en son entier, et qu'il ne puisse y avoir, dans aucun cas, des phrases incomplètes ; puis il remêlera et redonnera à couper. Enfin on coupera trois fois les cartes à fond avec les mêmes attentions ; et lorsque cette opération sera achevée, il ne s'agira plus que de lire les numéros qui expriment les lettres sorties. Le bonheur ou le malheur que présage chacune d'elles, doit être combiné avec celui qu'annonce la carte qui leur correspond, de même que leur puissance en plus ou en moins est déterminée par le nombre de cette même carte, multiplié par celui qui caractérise la lettre. Et voilà pourquoi la Folie qui ne produit rien, est sans numéro ; c'est, comme nous l'avons dit, le zéro de ce calcul.

VII. — C'était une grande portion de la Sage ancienne

Mais si les Sages de l'Égypte le servaient de tableaux sacrés pour prédire l'avenir, lors même qu'ils n'avaient aucune indication qui pût leur faire présumer les événements futurs, avec quelles espérances ne devaient-ils pas se flatter de les connaître lorsque leurs recherches étaient précédées par des songes qui pouvaient aider à développer la phrase produite par les tableaux des sorts !

Les Prêtres chez cet ancien Peuple formèrent de bonne-heure une Société savante, chargée de conserver et d'étendre les connaissances humaines. Le Sacerdoce avait ses Chefs, et les noms de JANNÈS et MAMBRÈS, que Saint PAUL nous a conservés dans sa seconde Épître à Timothée, sont des titres qui caractérisent les fonctions augustes des Pontifes. JANNÈS[24] signifie *l'Explicateur*, et MAMBRÈS le *Permutateur*, celui qui fait des prodiges.

Le Jannès et le Mambrès écrivaient leurs interprétations, leurs découvertes, leurs miracles. La suite non interrompue de ces Mémoires[25] formait un corps de Science et de Doctrine, où les Prêtres puisaient leurs connaissances physiques et morales : ils observaient, tous l'inspection de leurs Chefs, le cours des Astres, les inondations du Nil, les Phénomènes, etc. Les Rois les assemblaient quelquefois pour s'aider de leurs conseils. Nous voyons que du temps du Patriarche Joseph ils furent appelés par Pharaon pour interpréter un songe ; et si Joseph seul eut la gloire d'en découvrir le sens, il n'en reste pas moins prouvé qu'une des fonctions des Mages droit d'expliquer les songes.

Les Égyptiens[26] n'avaient point encore donné dans les erreurs de l'idolâtrie ; mais Dieu dans ces temps reculés manifestant souvent aux hommes sa volonté, si quelqu'un avait pu regarder comme téméraire de l'interroger sur les décrets éternels, il aurait au moins dû paraître pardonnable de chercher les pénétrer, lorsque la Divinité semblait, non seulement approuver, mais même provoquer, par des songes, cette curiosité : aussi leur interprétation fut-elle un Art sublime, une science sacrée dont ou faisait une étude particulière, réservée aux Ministres des Autels : et lorsque les Officiers de Pharaon, prisonniers avec

---

[24] De même que Pharaon signifie le Souverain sans être le nom particulier d'aucun Prince qui ait gouverné l'Égypte.
[25] Le Pape GÉLASE I, mit en 491 quelques Livres de Jannès et Mambrès au nombre des apocryphes.
[26] Longtemps encore après cette époque les Mages reconnurent le doigt de Dieu dans les Miracles de Moïse.

DU JEU DES TAROTS

Joseph, s'affligeaient de n'avoir personne pout expliquer leurs songes, ce n'est pas qu'ils n'eussent des compagnons de leur infortune ; mais c'est qu'enfermés dans la prison du Chef de la Milice, il n'y avait personne parmi les soldats qui pût faire les cérémonies religieuses, qui eût les tableaux sacrés, bien loin d'en avoir l'intelligence. La réponse même du Patriarche paraît expliquer leur pensée : est-ce que l'interprétation, leur dit-il, ne dépend pas du Seigneur ? racontez-moi ce que vous avez vu.

Mais pour revenir aux fonctions des Prêtres, ils commençaient par écrire en lettres vulgaires le songe dont il s'agissait, comme dans toute divination où il y avait une demande positive dont il fallait chercher la réponse dans le Livre des Sorts, et après avoir mêlé les lettres sacrées on en tirait les tableaux, avec l'attention de les placer scrupuleusement sous les mots dont on cherchait l'explication ; et la phrase formée par ces tableaux, était déchiffrée par le Jannès.

Supposons, par exemple, qu'un Mage eût voulu interpréter le songe de Pharaon dont nous parlions tout à l'heure, ainsi qu'ils avaient essayé d'imiter les miracles de Moïse, et qu'il eût amené le bâton fortuné, symbole par excellence de l'Agriculture, suivi du Cavalier et du Roi[27] ; qu'il sortît en même temps du Livre du Destin la Carte du Soleil, la Fortune et le Fol, on aura le premier membre de la phrase qu'on cherche. S'il sort ensuite le deux et le cinq de bâton dont le symbole est marqué de sang, et que des tableaux sacrés on tire un Typhon et la Mort, il aurait obtenu une espèce d'interprétation du songe du Roi, qui pourrait avoir été écrit ainsi en lettres ordinaires ;

Sept vaches grattés et sept maigres qui les dévorent.

---

[27] Le Valet vaut 1.
Le Cavalier, 2.
1a Dame, 3.
Le Roi, 4.

DU JEU DES TAROTS

Calcul naturel qui résulte de cet arrangement

Le Bâton vaut	1.	Le Soleil annonce le bonheur.
Le Roi	4.	La Fortune[28] de même.
Le Cavalier	2.	Le Fou ou zéro met le Soleil aux centaines
Total	7.	

Le Signe de l'Agriculture donne sept.

On lira donc, sept années d'une agriculture fortunée donneront une abondance cent fois plus grande qu'on ne l'aura jamais éprouvée.

Le second membre de cette phrase, fermé par le deux et le cinq de bâton, donne aussi le nombre de sept qui, combiné avec le Typhons et la Mort, annonce sept années de disette, la famine et les maux qu'elle entraîne.

Cette explication paraîtra encore plus naturelle si l'on fait attention au sens et à la valeur des lettres que les tableaux représentent.

Le Soleil répondant au Gimel, veut dire, dans ce sens, rétribution, bonheur. La Fortune ou le Lamed signifie Règle, Loi, Science.

Le fou n'exprime rien par lui-même, il répond au Tau, c'est simplement un signe, une marque.

Le Typhon ou le Zain annonce l'inconstance, l'erreur, la foi violée, le crime.

La Mort ou le Thet indique l'action de balayer : en effet, la Mort est une terrible balayeuse.

---

[28] Précédée d'une Carte heureuse.

Teleuté en Grec qui veut dire la fin pourrait être, en ce sens, un dérivé de Thet.

Il ne serait pas difficile de trouver dans les mœurs Égyptiennes l'origine de la plupart de nos superstitions : par exemple, il paraît que celle de faire tourner le tamis pour connaître un voleur, doit sa naissance à la coutume que ce Peuple avait de marquer les voleurs avec un fer chaud, d'un ת T, et d'un ס Samech,[29] en mettant ces deux caractères, l'un sur l'autre, pour en faire un chiffre, *Signum adherens*, qui servit à annoncer qu'on se méfiât de celui qui le portait, on produit une figure qui ressemble assez à une paire de ciseaux piqués dans un cercle, dans un crible, lequel doit se détacher lorsqu'on prononcera le nom du voleur et le fera connaître.

La Divination par la Bible, l'Évangile et nos Livres Canoniques, qu'on appelait le sort des Saints, dont il est parlé dans la cent neuvième Lettre de Saint Augustin et dans plusieurs Conciles, entre autres celui d'Orléans ; les sorts de Saint-Martin de Tours qui étaient si fameux, paraissent avoir été envisagés comme un contrepoison de la Divination Égyptienne par le Livre du Destin. Il en est de même des présages qu'on tirait de l'Évangile, *ad apperturam libri*, lorsqu'après l'élection d'un Évêque on voulait connaître quelle ferait sa conduite dans l'Épiscopat.

Mais tel est le sort des choses humaines : d'une Science aussi sublime, qui a occupé les plus Grands Hommes, les plus savants Philosophes, les Saints les plus respectables, il ne nous reste que l'usage des enfants de tirer à la belle lettre.

VIII. — Cartes auxquelles les Diseurs de bonne-aventure attachent des pronostics

On se sert d'un Jeu de Piquet qu'on mêle, et ou fait couper par la personne intéressée.

---

[29] *Tau*, signe : *Samech*, adhésion.

DU JEU DES TAROTS

On rire une Carte qu'on nomme As, la seconde Sept, et ainsi en remontant jusqu'au Roi : on met à part toutes les Cartes qui arrivent dans l'ordre du calcul qu'on vient d'établir : c'est-à-dire que si en nommant As, Sept, ou tel autre, il arrive un As, un Sept, ou celle qui a été nommée, c'est celle qu'il faut mettre à part. On recommence toujours jusqu'à ce qu'on air épuisé le Jeu ; et si sur la fin il ne reste pas assez de Cartes pour aller jusqu'au Roi inclusivement, on reprend des Cartes, sans les mêler ni couper, pour achever le calcul jusqu'au Roi.

Cette opération du Jeu entier se fait trois fois de la même manière. Il faut avoir le plus grand soin d'arranger les Cartes qui sortent du Jeu, dans l'ordre qu'elles arrivent, et sur la même ligne, ce qui produit une phrase hiéroglyphique, et voici le moyen de la lire.

Toutes les peintures représentent les Personnages dont il peut être question : la première qui arrive est toujours celle dont il s'agit.

Les Rois sont l'image des Souverains, des Parents, des Généraux, des Magistrats, des Vieillards.

Les Dames ont les mêmes caractères dans leur genre relativement aux circonstances, soit dans l'Ordre politique, grave ou joyeux : tantôt elles sont puissantes, adroites, intrigantes, fidèles ou légères, passionnées ou indifférentes, quelquefois rivales, complaisantes, confidentes, perfides, etc. S'il arrive deux Cartes du même gente, ce sont les secondes qui jouent les seconds rôles.

Les Valets sont des jeunes Gens, des Guerriers, des Amoureux, des Petits-maîtres, des Rivaux, etc.

Les Sept et les Huit sont des Demoiselles de tous les genres. Le Neuf de cœur se nomme, par excellence, la Carte du Soleil, parce qu'il annonce toujours des choses brillantes, agréables, des succès, surtout s'il est réuni avec le Neuf de trèfle, qui est aussi une Carte de merveilleux augure. Le Neuf de carreau désigne le retard en bien ou en mal.

Le Neuf de pique est la plus mauvaise Carte : il ne présage que des ruines, des maladies, la mort.

DU JEU DES TAROTS

Le Dix de cœur désigne la Ville ; celui de carreau, la campagne ; le Dix de trèfle, fortune, argent ; celui de pique, des peines et des chagrins.

Les As annoncent des lettres, des nouvelles.

Si les quatre Dames arrivent ensemble, cela signifie babil, querelles. Plusieurs Valets ensemble annoncent rivalité, dispute et combats.

Les trèfles en général, surtout s'ils sortent ensemble, annonceur succès, avantage, fortune, argent.

Les carreaux, la campagne, indifférence.

Les cœurs, contentement, bonheur.

Les piques, pénurie, soucis, chagrins, la mort.

Il faut avoir soin d'arranger les Cartes dans le même ordre qu'elles sortent, et sur la même ligne, pour ne pas déranger la phrase, et la lire plus facilement.

Les événements prédits, en bien ou en mal, peuvent être plus ou moins avantageux ou malheureux, suivant que la Carte principale qui les annonce est accompagnée : les piques, par exemple, accompagnés de trèfles, surtout s'ils arrivent entre deux trèfles, sont moins dangereux ; comme le trèfle entre deux piques ou accolé d'un pique, est moins fortuné.

Quelquefois le commencement annonce des accidents funestes; mais la fin des Cartes est favorable, s'il y a beaucoup de trèfles ; on les regarde comme amoindris, plus ou moins, suivant la quantité : s'ils sont suivis du Neuf, de l'As ou du Dix, cela prouve qu'on a couru de grands dangers, mais qu'ils sont passés, et que la Fortune change de face.

Les As	1 de carreau,	8 de cœur,	bonne Nouvelle.
	1 de cœur,	Dame de pique,	Visite de femme.
	1 de cœur,	Valet de cœur,	Victoire.
	1, 9 et Valet de cœur,		l'Amant heureux.
	1, 10 et 8 de pique,		Malheur.
	1 de pique,	8 de cœur,	Victoire.
	1 de trèfle,	Valet de pique,	Amitié.
Les 7	7 et 10 de cœur,		Amitié de Demoiselle.
	7 de cœur, Dame de carreau,		Amitié de femme.
	7 de carreau, Roi de cœur,		Retard.

DU JEU DES TAROTS

Les 9	{	Trois Neufs ou trois Dix,	Réussite.
Les 10	{	10 de trèfle, Roi de pique,	Présent.
		10 de trèfle et Valet de trèfle,	Un Amoureux.
		10 de pique, Valet de carreau,	Quelqu'un d'inquiet.
		10 de cœur, Roi de trèfle,	Amitié sincère.

Planche I — Cartes I, O, IV, III

Planche II — Cartes II, V, VII, VI

Planche III — Cartes XIV, XI, XII, VIII

Planche IV — Cartes IX, XIX, XVII, XVIII

Planche V — Cartes XV, XIII, X, XVI

Planche VI — Cartes XX, XXI, A, C, B, D.

TABLE DES MATIÈRES

I. — *Surprise que causerait la découverte d'un Livre Égyptien* 4

II. — *Ce Livre Égyptien existe* 4

ARTICLE I : ALLÉGORIES *qu'offrent les Cartes du Jeu de* TAROTS 7

    ATOUTS 8

    N° 0 — Zéro — LE FOU. 8

    N° I. — LE JOUEUR DE GOBELETS, OU BATELEUR 9

    N° II, III, IV, V. — CHEFS DE LA SOCIÉTÉ 10

    N° VII. — OSIRIS TRIOMPHANT 11

    N° VI. — LE MARIAGE 11

    N°. — VIII. XI. XII. XIII. — LES QUATRE VERTUS CARDINALES 12

    N° VIIII ou IX. — LE SAGE OU LE CHERCHEUR DE LA VÉRITÉ ET DU JUSTE 13

    N° X I X. — LE SOLEIL 14

    N° XVIII. — LA LUNE 14

    N° XVII. — LA CANICULE 15

    PLANCHE VIII. — N° XIII. — LA MORT 16

    N° X V. — TYPHON 17

    N° XVI. — MAISON-DIEU, OU CHÂTEAU DE PLUTUS 17

    N° X. — LA ROUE DE FORTUNE 18

    PLANCHE VIII. — N° XX. — Tableau mal nommé le JUGEMENT DERNIER 19

    N° XXI. — Le TEMPS, mal nommé le MONDE 19

ARTICLE II : LES COULEURS 20

    NOMS ORIENTAUX CONSERVÉS DANS CE JEU 22

    1. — TAROTS 22

    2. — MAT 23

    3. — PAGAD 23

ARTICLE III : MANIÈRE DONT ON JOUE AUX TAROTS 24

DU JEU DES TAROTS

1°. — Manière de donner les Cartes 24

2°. — Manière de compter les points de son Jeu 24

3°. — Manier, de jouer ses Cartes 25

4°. — Écart de celui qui donne 26

5°. — Manière de compter les mains 26

ARTICLE IV : JEU des TAROTS considéré comme un Jeu de Géographie. Politique 27

ARTICLE V : Rapport de ce Jeu avec un Monument Chinois 32

ARTICLE VI : Rapport de ce Jeu avec les Quadrilles ou Tournois 34

ARTICLE VII : Jeux de Cartes Espagnols 35

ARTICLE VIII : Cartes Françaises 37

CONCLUSION 41

Application de ce Jeu à la Divination 42

RECHERCHES SUR LES TAROTS ET SUR LA DIVINATION PAR LES CARTES DES TAROTS 44

    I. — LIVRE DE THOT 44

    PREMIÈRE SÉRIE : SIÈCLE D'OR 45

    SECONDE SÉRIE : SIÈCLE D'ARGENT 47

    TROISIÈME SÉRIE SIÈCLE : DE FER 48

    II. — Ce Jeu appliqué à la Divination 49

    III. — Noms de diverses CARTES, conservés par les Espagnols 51

    IV. — ATTRIBUTS Mythologiques de plusieurs autres 51

    V. — COMPARAISON de ces Attributs avec les valeurs qu'on assigne aux Cartes modernes pour la Divination 52

    VI. — MANIÈRE dont on s'en servait pour consulter les Sorts 54

    VII. — C'était une grande portion de la Sage ancienne 54

    VIII. — Cartes auxquelles les Diseurs de bonne-aventure attachent des pronostics 58

Planche I — Cartes I, O, IV, III 62

Planche II — Cartes II, V, VII, VI 63

DU JEU DES TAROTS

Planche III — Cartes XIV, XI, XII, VIII 64

Planche IV — Cartes IX, XIX, XVII, XVIII 65

Planche V — Cartes XV, XIII, X, XVI 66

Planche VI — Cartes XX, XXI, A, C, B, D. 67